✈ **기획·tvN 〈벌거벗은 세계사〉 제작진**
자유롭게 누군가를 만나고 여행하는 것이 점차 어려워질 무렵, 집에서 안전하게 세계 여행을 즐길 수 있는 프로그램을 만들었습니다. 여행지에 숨겨진 세계사까지 배울 수 있다면 더 좋겠다는 마음을 담아 만든 것이 〈벌거벗은 세계사〉입니다.

✈ **글·김우람**
어린이책 기자 및 편집자로 일했습니다. 쓰고 만든 책으로는 〈꾸러기 논술〉 〈우등생 키즈〉 《닮고 싶은 창의융합 인재 2》 들이 있습니다. 현재 월간 〈우등생 과학〉에서 객원기자 활동을 하고 있으며 초등 교과와 연계한 학습 콘텐츠 및 어린이책을 쓰고 있습니다. 세상의 다양한 생각과 관점이 모여 종이 위에서 또렷한 상을 맺는 어린이책을 만들고자 노력하고 있습니다. 어린이가 존중받는 세상이 되길 꿈꿉니다.

✈ **그림·최호정**
어린 시절부터 그림 그리기를 좋아했으며, 대학에서 디자인을 공부했습니다. 어린이책에 그림을 그릴 때가 가장 행복합니다. 그린 책으로는 《그림으로 보는 삼국유사 3》 《전설의 탐정, 전설희》 《자두의 비밀 일기장》 《안녕 자두야 과학 일기 14》 《안녕 자두야 과학 일기 15》 들이 있습니다.

✈ **감수·김봉중**
전남대학교 사학과를 졸업하고, 미국 웨스턴일리노이대학교에서 석사 학위를, 미국 톨레도대학교에서 박사 학위를 받았습니다. 미국 샌디에이고시립대학 사학과 교수를 거쳐 현재 전남대학교 사학과 교수로 일하고 있습니다. 쓴 책으로는 《30개 도시로 읽는 미국사》 《이만큼 가까운 미국》 《미국을 움직이는 네 가지 힘》 《카우보이들의 외교사》 들이 있습니다. tvN 〈벌거벗은 세계사〉 방송 프로그램에 출연하며 많은 이들에게 복잡한 미국사를 흥미롭게 전달하고자 합니다.

초등학생이 꼭 알아야 할 필수 세계사

벌거벗은 세계사

7 새로운 나라 미국의 탄생과 위기 극복

기획 tvN 〈벌거벗은 세계사〉 제작진
글 김우람 그림 최호정 감수 김봉중

아울북

기획의 말

몇 년 전까지만 해도 사람들은 원할 때면 언제든지 세계 어딘가로 여행을 떠날 수 있었어요. 하지만 어느 날 갑자기 우리 삶에 들이닥친 코로나19로 인해 예전처럼 자유롭게 누군가를 만나고 여행하는 것이 점차 어려워졌어요.

그때 만들게 된 프로그램이 〈벌거벗은 세계사〉예요. '어떻게 하면 집에서 안전하게 세계 여행을 즐길 수 있을까?' 하는 고민에서 프로그램이 탄생하게 되었지요. 그리고 나아가서 여행지에 숨겨진 세계사까지 배울 수 있다면 더 좋겠다는 마음을 담았어요.

〈벌거벗은 세계사〉는 히스토리 에어라인을 타고 세계 곳곳을 온택트로 여행하며 우리가 몰랐던 세계의 역사를 다양한 관점으로 파헤쳐요. 지난 과거를 이렇게 파헤쳐야 하는 이유가 무엇일까요? 역사는 단순히 지나간 기록이 아니라 아직도 우리 곁에 머물러 있기 때문이에요. 세계가 어떻게 시작되었고, 다양한 문화적, 정치적 전통은 어떻게 형성되었으며 또 어떻게 상호작용하였는가를 알면 세상을 폭넓게 바라볼 수 있어요. 역사는 우리가 사는 세상을 제대로 이해하고 더 나은 방향으로 나아가게 하는 힘이 되어 주지요.

세계사를 알면 한국사 또한 더 재미있어져요. 우리나라의 역사도 세계사의 거대한 흐름과 맞물려 있기 때문이에요. 우리가 굴욕적으로 알고 있는 강화도 조약, 을미사변을 우리 역사 안에서만 보면 사건의 실상을 다 알 수 없어요. 당시 청과 일본, 러시아와의 관계, 각국의 경제 상황까지 함께 들여다보아야 사건의 원인과 결과를 자세하게 알 수 있어요. 이렇게 했을 때 과거의 일을 반면교사 삼아 같은 실수를 반복하지 않을 수 있어요.

이 책은 프로그램에서 방영되었던 방대한 역사적 사건들 중 초등학생이 꼭 알아야 할 필수적인 이야기를 엄선했어요. 이 책을 통해 어린이 독자 여러분들은 온택트 세계 여행을 하며 한 꺼풀 더 벗겨 낸 세계사의 진짜 모습을 볼 수 있을 거예요. 세계사를 처음 접하는 어린이 독자 여러분에게 이 책이 좋은 길잡이가 되길 바랍니다.

 제작진

등장인물

김미국

세계대학교 사학과 교수님
- 미국인보다 더 미국을 잘 아는 미국사 전문가
- 청바지에 가죽 부츠, 카우보이모자를 즐겨 쓰는 '찐 미국 덕후'

강하군

세계사를 배경으로 한 게임에 푹 빠진 겜돌이. 엉뚱한 상상력으로 퀴즈 정답을 맞히는 은근 최상위권!

왕봉구

모든 걸 음식과 연결해 생각하는 먹방 유튜버. 세계 최고 요리사, '왕 셰프'를 꿈꾸지만 지금은 이름 때문에 '왕방구'가 별명!

공차연

얌전하고 새침해 보이지만 운동장에 나가면 누구도 따라올 수 없는 숯돌이 공격수. 반전 매력 폭발!

타일러

한국에서 산 지 2년 된 미국 소년. 모국어인 영어는 물론 한국어, 에스파냐어까지 유창하게 하는 언어 천재!

차례

등장인물 소개 • 6
프롤로그 • 10

미국의 탄생과 위기 극복

- **1장** 새로운 나라의 탄생 • 20
- **2장** 링컨과 노예 제도의 시작 • 46
- **3장** 남북 전쟁과 노예 해방 • 60
- **4장** 경제 호황과 경제 대공황 시대 • 78
- **5장** 뉴딜 정책과 대공황 극복 • 100

에필로그 • 116

tvN
〈벌거벗은 세계사〉
방송 시청하기

 ↱38화
 ↱16화
 ↱23화

✈ 역사 정보

❶ 시대 배경 살펴보기 • **120**
❷ 인물 다르게 보기 • **122**
❸ 또 다른 역사 인물들 • **124**
❹ 오늘날의 역사 • **126**
• 주제 마인드맵 • **128**

✈ 벌거벗은 세계사 퀴즈

• 독립과 남북 전쟁 편 • **130**
• 경제 대공항 편 • **132**
• 정답 • **134**

사진 출처 • **135**

프롤로그

"얘들아, 안녕? 난 타일러라고 해. 만나서 반가워!"

히스토리 에어라인의 문을 활짝 열고 들어온 타일러가 아이들을 향해 스스럼없이 인사했어요. 아이들이 시끌벅적 떠들다가 동시에 타일러를 봤어요. 아이들의 시선이 쏠리자 타일러는 계속해서 자기소개를 이어 나갔어요.

"난 미국에서 태어났고 한국에 온 지는 이제 2년 정도 됐어. 처음에는 말이 안 통해서 심심하고 답답했어. 그런데 이제 보다시피 한국어를 할 수 있어서 친구도 많이 사귀었어. 한국어를 처음 배울 땐 진짜 어려웠는데, 이제 영어보다 한국어가 먼저 나올 만큼 익숙해."

"우아, 진짜야? 나도 영어 좀 하지만 당황하면 영어가 안 나오던데, 너 정말 우리말 잘하는구나!"

강하군이 부럽다는 듯 말했어요.

"난 언어 배우는 게 재밌더라고. 그래서 지금은 중국어도 배우고, 프랑스어도 배우고 있지. 언젠가 그 나라에 가면 그 나라 친구들이랑 얘기하려고. 지금 만난 너희

여러분, 강하군이 영어를 잘한다고 하네요. 정말일까요?

게임할 때 영어로 채팅했나 봐.

랑도 얘기 많이 하고 친하게 지냈으면 좋겠어. 잘 부탁해!"

아이들은 타일러를 환영하며 각자 자기소개를 했어요. 그 사이에 카우보이모자를 쓴 교수님이 히스토리 에어라인에 들어왔어요.

"다들 모였군요! 반갑습니다, 여러분! 저는 다양한 미국사를 가르치고 있는 김미국 교수라고 합니다."

교수님이 등장하자 왕봉구가 유튜브 방송을 하던 카메라를 교수님에게로 향하며 이렇게 말했어요.

"타일러는 미국인이고, 교수님은 미국 역사를 가르치신다 하니 이번 여행지는 당연히 미국이겠죠?"

"맞아요. 일곱 번째 세계사 여행을 떠날 나라는 세계 최강대국 **미국**이에요."

김미국 교수님이 대답하자 공차연이 고개를 갸우뚱거리며 질문을 했어요.

"교수님, 그런데 저 국기는 뭐예요? 제가 아는 미국 국기랑 달라요."

"국기가 영국 국기랑 미국 국기랑 짬뽕이 된 것 같아요. 아, 짬뽕 하니까 짬뽕 먹고 싶다……."

왕봉구의 말에 타일러는 웃음이 터졌어요.

"으하하! 짬뽕이라니! 두 개가 섞였단 말이지? 너무 웃겨."

김미국 교수님도 웃음을 참지 못했어요. 교수님은 카우보이 모자를 깊게 눌러 쓰고 겨우 웃음을 멈춘 뒤 말을 이었어요.

"왠지 좀 낯설죠? 이건 미국이 초창기 때 비공식적으로 사용했던 국기예요. 국기가 이런 모양인 이유는 당시 미국이 영국의 식민지였기 때문이에요. 이 국기에서 빨간색, 흰색이 엇갈리는 13줄의 줄무늬는 영국이 아메리카 대륙에 세운 13개의 식민지를 상징해요. 이후 미국이 영국으로부터 독립하면서 영국 국기 부분에 별을 그려 넣었고 지금 우리가 알고 있는 성조

기가 된 겁니다."

"헉! 미국이 영국으로부터 독립한 나라였다니!"

"나도 전혀 몰랐어. 미국은 처음부터 미국인 줄 알았어."

왕봉구와 공차연이 놀라서 말했어요.

"오늘은 미국 곳곳을 여행하면서 미국이 어떻게 영국으로부터 독립했는지 차근차근 알아볼 거예요. 그리고 미국을 반으로 갈라 놓은 **남북 전쟁**과 **노예 해방**의 역사, 전 세계 경제를 흔들어 놓았던 **경제 대공황**까지 이야기해 볼게요."

"교수님, 미국 노예 해방의 역사를 이야기할 때 빼놓을 수 없는 사람이 있잖아요. 미국인이 가장 존경하는 대통령, 링컨! 링컨에 대해서도 알려 주시는 거죠?"

타일러가 기대에 차 묻자 김미국 교수님이 레이저 포인터에 카우보이처럼 입김을 후 불며 말했어요.

"후, 맞습니다. 링컨은 물론 '철강왕' 카네기, '석유왕' 록펠러 등 미국을 대표하는 인물들의 숨겨진 모습도 하나하나 파헤쳐 볼 거예요."

"우아, 재밌겠다! 링컨, 카네기, 록, 록……? 아무튼 유명한 인물들이잖아요."

"록펠러! 공차연, 미국엔 유명한 축구 팀이 없어서 관심도 없는 거야? 석유왕 록펠러를 모르다니! 난 좀 알지. 가끔 미국 역사를 배경으로 한 게임을 하거든."

강하군이 으스대며 놀리자 공차연은 약이 올라 새침하게 공을 안고 의자에 푹 앉았어요.

"여러분, 몰라도 괜찮아요. 제가 재밌게 얘기해 줄 거니까요. 자, 그럼 출발해 볼까요? 모두 자리에 앉아 주세요."

김미국 교수님의 말에 따라 아이들이 자리에 앉았어요. 그러자 히스토리 에어라인의 출발을 알리는 기내 방송이 나오기 시작했어요.

HISTORY AIRLINE

미국의 탄생과 위기 극복

FROM S.KOREA   TO USA

Boarding Pass

❶ 새로운 나라의 탄생
❷ 링컨과 노예 제도의 시작
❸ 남북 전쟁과 노예 해방
❹ 경제 호황과 경제 대공황 시대
❺ 뉴딜 정책과 대공황 극복

대한민국

국가명	미국
수도	워싱턴 D.C.
민족	백인(61.6%), 흑인(12.4%), 아시아계(6.0%), 원주민(1.3%) 등
먹을거리	햄버거, 핫도그, 프라이드치킨, 텍사스 바비큐, 팝콘, 미트로프, 칠면조 요리 등
종교	개신교(46.5%), 가톨릭교(20.8%), 모르몬교(1.6%), 무교 및 기타 (36%)
언어	영어

세계사
- 메이플라워호, 플리머스 상륙 1620년
- 보스턴 차 사건 1773년
- 독립 선언문 발표 1776년
- 남북 전쟁 발발 1861년
- 링컨, 노예 해방 선포 1863년

한국사
- 1776년 규장각 설치
- 1866년 병인양요

미국

1620년 영국의 청교도들은 메이플라워호를 타고 종교의 자유를 찾아 북아메리카로 건너갔어요. 이들은 지금의 미국 매사추세츠 지역에 도착해 척박한 땅을 일구며 성공적으로 정착했어요. 13개의 식민지를 개척하는 데 성공한 이주민들은 그들만의 독특한 사회를 형성하며 독립까지 이뤄 냈어요. 미국이라는 나라의 시작부터 경제 대공황의 위기를 극복하기까지 어떤 일이 있었는지 벌거벗겨 볼까요?

제1차 세계 대전 발발
1914년

경제 대공황 시작
1929년

루스벨트, 대통령 당선
1932년

뉴딜 정책 시행
1933년

제2차 세계 대전 발발
1939년

1910년
국권 피탈

1919년
3·1운동, 대한민국 임시 정부 수립

1장 새로운 나라의 탄생

우리는 지금 막 미국 매사추세츠주의 작은 도시 플리머스에 도착했습니다. 미국엔 뉴욕, 워싱턴처럼 유명한 도시가 많이 있는데 왜 이 작은 도시로 왔을까요?

플리머스는 미국사를 이야기할 때 꼭 첫머리에 언급해야 할 정도로 의미 있는 곳이에요. 미국인들은 이곳을 '미국의 고향'이라고 부르지요.

1620년 영국에서 출발한 메이플라워호가 아메리카 대륙 북동부 연안에 도착했어요. 메이플라워호에는 102명이 타고 있었고, 이들은 배에서 내려 낯선 땅에 첫 발을 내디뎠어요. 그리고 이곳에서 정착하는 데 성공했어요.

미국인들은 이때 도착한 이들을 '필그림 파더스'라고 불러요. 우리말로는 '순례하는 아버지들'이라고 하죠. 이들 덕분에 오늘날 미국이 세워질 수 있었어요. 그래서 미국인들은 이들을 미국을 만드는 데 기초를 다진 인물들로 여기고, 이들이 도착했던 플리머스를 미국의 고향으로 여기는 거랍니다.

필그림 파더스가 플리머스에 상륙했을 때 처음 밟은 바위 ↓

이들은 왜 영국을 떠나 어떤 위험이 도사리고 있을지 모르는 북아메리카까지 건너오게 된 걸까요?

아메리카로 간 영국인들

1600년대 유럽에는 식민지 개척 열풍이 불고 있었어요. 신항로 개척에 성공한 에스파냐는 남아메리카에서 가져온 엄청난 양의 금과 은, 노예 무역과 대규모 농장 경영 등으로 큰 이득을 챙겼어요. 그러자 다른 나라들도 전 세계 곳곳을 돌아다니며 식민지를 건설하기 시작했어요. 영국도 마찬가지였답니다.

영국은 아직 다른 나라의 손길이 많이 미치지 않았던 곳으로 눈을 돌렸어요. 그리고 북아메리카의 동부 연안에 식민지를 건설할 계획을 세웠지요.

1606년 영국 런던에서 출발한 배는 5개월 후 북아메리카 북동부 연안에 도착했어요. 영국인들은 이 땅의 이름을 '버지니아(Virginia)'라고 지었어요. 버지니아의 버진(virgin)은 처녀라는 뜻으로, 결혼하지 않은 '처녀 여왕'으로 유명했던 엘리자베스 1세를 기리기 위해 붙인 이름이었죠.

영국인들은 버지니아에서 엘리자베스 1세가 이끌었던 황금시대를 이어 가길 꿈꾸었어요. 하지만 현실은 꿈처럼 흘러가지 않았어요.

버지니아 땅은 습해서 농사를 짓기 힘들었고, 말라리아

엘리자베스 1세 ↑

같은 풍토병이 기승을 부렸어요. 또 오래전부터 이곳에 살았던 원주민들과도 싸워야 했어요. 결국 식민지 개척의 꿈을 안고 이 땅에 온 사람들 가운데 많은 수가 목숨을 잃게 되었죠.

북아메리카에 식민지를 개척하는 첫 번째 시도가 어려움을 겪고 있는 가운데, 1620년 9월 영국 플리머스에서 또 한 척의

↑ 메이플라워호를 타고 떠나는 사람들

배가 출발했어요. 이 배가 102명의 필그림 파더스가 탔던 메이플라워호예요.

 버지니아의 상황을 통해 북아메리카에서 자리 잡고 사는 일이 쉽지 않다는 걸 알았을 텐데, 이들은 왜 영국을 떠나려고 했을까요? 17세기 초 영국은 일자리가 부족했어요. 살길을 찾아 새로운 땅으로 향한 거였죠. 그리고 이 중에는 영국 정부의 탄압을 피해 종교의 자유를 찾고 싶었던 청교도 40여 명도 있었어요.

> **청교도**
> 영국 국교회인 성공회의 제도와 의식 일체를 배척하며 종교 개혁을 주장한 개신교의 한 교파.

당시 청교도는 '성공회'라고도 하는 영국 국교회와 갈등을 겪고 있었어요. 청교도는 술과 욕설은 물론, 오락과 화려한 색깔의 의상, 장신구까지 금지하는 금욕주의자들이었어요. 이들은 교회 내부를 화려하게 장식하는 것, 예복을 갖춰 입어야 하는 규율 등 형식적인 면에 집착하는 성공회를 개혁해야 한다고 생각했답니다.

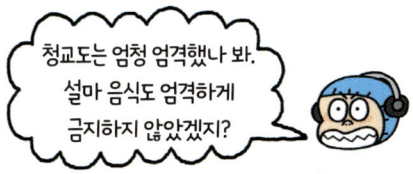

청교도들이 성공회를 비판하자 왕은 못마땅했어요. 성공회의 수장은 영국의 왕이잖아요. 성공회에 대한 비판을 곧 왕에 대한 비판으로 받아들였던 거죠. 결국 청교도에게 개종을 강요하며 탄압하기 시작했어요.

"여기선 더 이상 살 수 없겠어요. 그 누구도 우리를 괴롭히지 않는 땅으로 떠납시다!"

"북아메리카에 영국의 식민지가 있다고 들었어요. 거기선 우리가 원하는 삶을 살 수 있을 거예요."

이때 청교도가 영국을 떠날 수밖에 없었던 또 하나의 사건이 일어났어요. 당시 왕이었던 제임스 1세는 일요일 오후에 어떤 활동을 하도록 권장했어요. 그런데 그 활동은 철저한 금욕 생활을 하는 청교도들이 반대하는 활동이었어요. 여기서 퀴즈!

Q 제임스 1세는 권장했고 청교도는 반대했던 일요일 오후 활동은 무엇일까요?

일요일 오후에 하는 활동이라면 게임? 그 시절에도 체스나 카드놀이 같은 건 있었을 테니까.

청교도는 금욕 생활을 강조했으니, 신나는 노래나 춤?

아니면 축구? 영국인들은 축구를 좋아하는데 미국인들은 축구에 큰 관심이 없잖아요.

정답! 지금과 같은 형태의 축구는 아니지만 당시에도 축구와 비슷한 공놀이가 있었대요. 당시 영국인들은 일요일 오전에는 교회를 다녀오고, 오후엔 축구를 즐기곤 했어요. 하지만 청교도들은 일요일을 엄숙하게 보내야 한다고 생각했죠. 스포츠를 즐기는 건 타락한 거라고 봤고요. 그런데 제임스 1세는 <스포츠의 서>라는 책을 내어 축구 같은 스포츠를 권장했어요. 일요일마저 자신들 뜻대로 지낼 수 없으니 청교도들은 영국을 떠나고 싶었던 거랍니다.

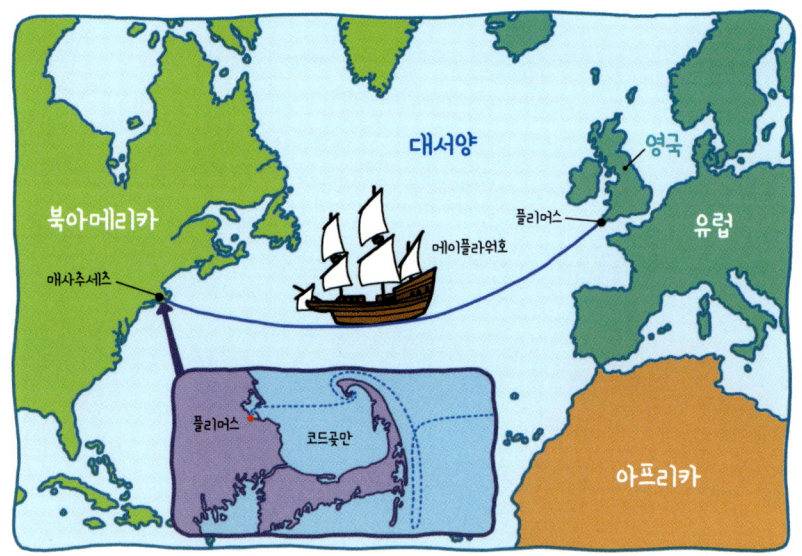

메이플라워호의 항해 경로 ↑

　종교의 자유를 찾는 청교도들을 포함한 102명의 필그림 파더스는 메이플라워호를 타고 대서양을 건너기 시작했어요. 두 달여의 긴 항해 끝에 지금의 미국 매사추세츠주 연안에 도착했고, 처음으로 발을 디딘 곳에 '플리머스'란 이름을 붙였어요. 자신들이 출발했던 도시를 기억하기 위해서였죠.

13개의 식민지 개척

　희망을 가득 품고 새로운 땅에 도착했지만, 현실은 기대와 달랐어요. 버지니아와 마찬가지로 농사지을 땅이 마땅치 않았

↑ 플리머스에 도착한 메이플라워호

고 북아메리카의 혹독한 추위도 이들을 괴롭혔죠.

당연한 얘기지만 이 지역엔 다른 유럽 정착민이 없었어요. 이들은 집을 짓고 음식을 구하고 규칙을 정하는 일 등 모든 것을 처음부터 새로 시작해야 했어요. 결코 쉬운 일이 아니었죠. 질병과 굶주림으로 죽는 사람이 늘고 있을 때 도움의 손길을 내민 이들이 있었어요. 바로 매사추세츠 지역의 원주민인 왐파노아그족이었어요.

왐파노아그족은 갑자기 나타난 영국인 이주민들에게 통나무로 집을 짓는 법을 가르쳐 주었어요. 풍토에 맞지 않는 유럽의 작물 대신 옥수수처럼 북아메리카 지역에서 잘 자라는 작물을 재배하는 법도 알려 줬지요. 그리고 사슴과 칠면조 고기를 나눠 주기도 했어요. 이런 원주민들에게 고마움을 전하기 위해 열었던 잔치에서 유래한 기념일이 바로 미국의 추수 감사절이랍니다. 이렇게 이주민들은 원주민들의 도움으로 성공적으로 정착할 수 있었어요.

이주민들이 성공적으로 북아메리카에 정착했다는 소식은

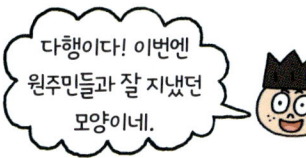

금세 영국 본토까지 퍼졌어요. 그러자 1630년대부터 매사추세츠 지역으로 청교도들이 본격적으로 건너오기 시작했고, 교회와 학교를 중심으로 자신들만의 공동체를 만들어 점차 땅을 넓혀 갔지요.

"땅이 비옥해서 작물이 잘 자라고 악독한 지주나 탐욕스러운 교회도 없대."

"사사건건 간섭하는 정부도 없으니 모든 게 자유야!"

대서양 건너 북아메리카에서 이런 소식이 들려오자 수많은 영국인들이 북아메리카 동부 지역으로 몰려들었어요. 그중에서는 초기 이주민들처럼 종교의 자유를 찾아 떠나온 사람도

있었고, 농사지을 땅과 일자리를 얻기 위해 건너온 사람도 있었지요. 이렇게 영국인 이주민들이 늘어나자 오래전부터 그곳에 살고 있던 원주민들과 마찰이 생기기 시작했어요.

영국인 이주민들은 더 넓은 땅이 필요했어요. 큰돈을 벌기 위해선 작물을 더 재배해야 했거든요. 하지만 원주민들에게 땅은 한 사람이 소유하는 재산이 아니라 누구나 꼭 필요한 만큼만 사용해야 하는 공동의 자원이었어요. 이주민들은 넓은 땅을 활용하지 않고 내버려 두는 원주민들을 이해할 수 없었답니다.

땅에 대한 생각이 완전히 달랐네!

이주민들이 원주민을 배척하기 시작한 데에는 종교적인 이유도 있었어요. 종교적 신념을 지키기 위해 북아메리카 대륙으로 건너온 이주민들은 적극적으로 원주민들을 개종시키려고 노력했어요.

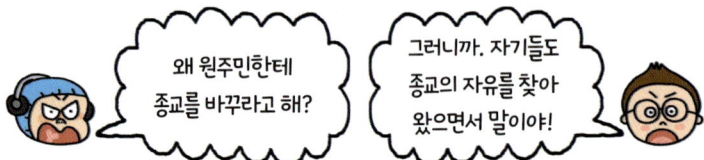

원주민들은 오랫동안 이 땅에서 대를 이어가며 살았어요. 자신들의 정체성과 언어, 전통을 지키는 게 훨씬 중요했죠. 원주민들은 이주민들이 요구하는 개종을 하지 않았어요.

땅과 종교 때문에 시작된 갈등은 결국 전쟁으로 이어졌어요. 영국인 이주민들이 초기에 자신들을 도와줬던 원주민들을 힘으로 몰아내기 시작한 거예요. 특히 이주민들은 땅을 놓고 크게 대립했던 피쿼트 부족과 격렬하게 싸웠어요.

약 2년간이나 이어진 전쟁으로 피쿼트 부족은 거의 전멸하고 말았어요. 도망치다 붙잡힌 피쿼트 부족민은 노예로 팔려 갔고요. 이후 의기양양해진 이주민들은 다른 원주민 부족의 땅도 빼앗았답니다.

이렇게 이주민들은 초기에 자신들을 도와줬던 원주민들을

피쿼트 전쟁 ↑

하나둘 몰아내고 식민지를 넓혀 가기 시작했어요. 그 과정에서 수많은 원주민 부족들이 자신들의 땅에서 쫓겨나거나 목숨을 잃었어요. 전쟁이 일어나고 약 200년 동안 목숨을 잃은 원주민은 무려 900만 명에 이른다고 해요.

헐! 은혜를 원수로 갚다니!

　영국인 이주민들은 첫 번째 정착지였던 버지니아를 시작으로 매사추세츠, 남쪽으로는 조지아까지 개척했어요. 1733년 무렵 영국은 북아메리카 대서양 연안에 총 13개의 식민지를 거느리게 됩니다. 그리고 이 식민지들은 각각 정치적, 경제적, 종교적으로 독특한 사회를 형성하며 발전하게 되죠.

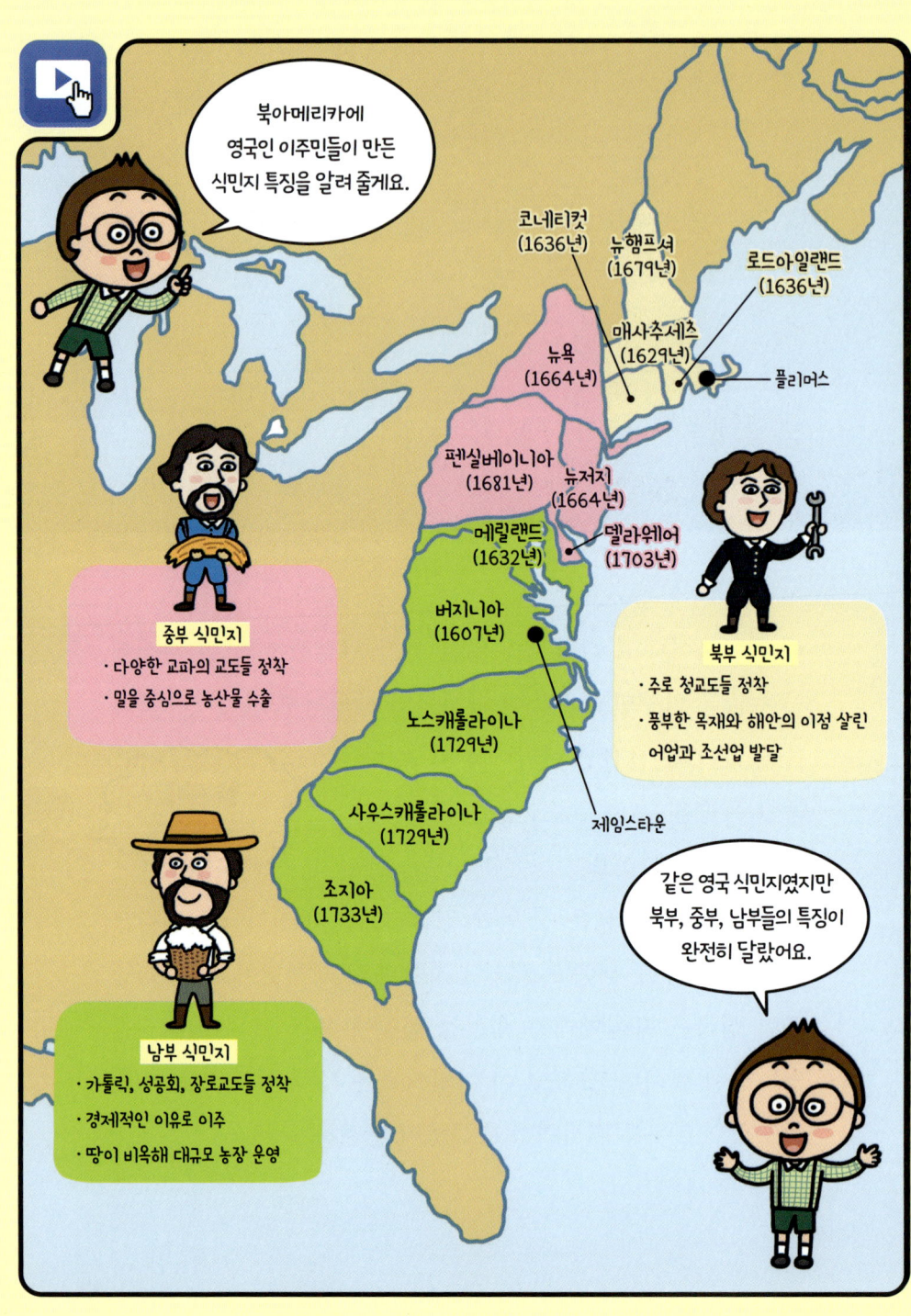

영국이 13개의 식민지를 개척했을 무렵, 에스파냐와 프랑스도 북아메리카에서 식민지를 개척하는 데 열을 올리고 있었어요. 그러다 보니 이 과정에서 서로의 땅을 뺏고 빼앗는 일이 빈번하게 일어났죠. 특히 영국과 프랑스는 북아메리카 식민지에서 주도권을 차지하기 위해 치열하게 다툼을 벌였는데, 이게 바로 '7년 전쟁'이에요.

　1756년부터 7년간 이어진 긴 전쟁에서 승리한 나라는 영국이었어요. 영국은 승리의 대가로 프랑스로부터 북아메리카 대륙 중부 지역을 넘겨받게 됩니다. 하지만 이 전쟁은 결국 미국 독립의 계기가 되고 말았어요. 전쟁이 끝난 후 식민지에서 무슨 일이 있었던 걸까요?

영국과 식민지의 대립

　영국은 프랑스와의 전쟁에서 승리하기 위해 엄청나게 많은 돈을 썼어요. 영국에서 대서양 건너 북아메리카로 군인과 무기를 실어 날라야 했고, 군인에게 지급할 막대한 양의 군수 용품과 식량도 사들여야 했거든요. 그러다 보니 당장 나라를 운영할 돈이 부족해졌어요.

　영국 정부는 심한 재정난에 시달리자 세금을 더 걷기로 했어요. 하지만 영국 본토의 국민들에게 세금을 더 내라고 하는 건 좀 부담스러웠나 봐요. 국민들이 반발할 게 뻔했으니까요. 영국 정부는 북아메리카 13개의 식민지로부터 세금을 더 걷기로 했어요. 그래서 만들어진 법이 바로 설탕법과 인지세법이에요.

여러분, 다섯 번째 세계사 여행에서 18세기 후반 프랑스에 '소금세'가 있었다고 했던 거 기억하나요? 그와 비슷하게 영국은 식민지에서 사용되는 모든 설탕에 세금을 매기는 법을 만들었어요. 식민지 사람들은 설탕뿐만 아니라 커피나 포도주 등을 살 때도 세금을 내야 했어요. 당시 설탕 100파운드 당 약 20만 원의 세금이 매겨졌다고 하니 정말 어마어마하죠?

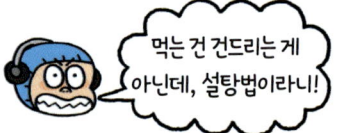
먹는 건 건드리는 게 아닌데, 설탕법이라니!

또 인지세법에 따라 식민지에서 발행되는 모든 인쇄물에는 '인지'라고 하는 도장이 찍힌 종이 딱지를 사서 붙여야만 했어요. 그러니까 책과 신문, 달력, 벽보, 계약서 등은 물론, 카드놀이에 사용되는 카드에도 세금을 내야 한다는 뜻이었어요.

사실 영국은 그동안 북아메리카 식민지에 별다른 간섭을 하지 않았어요. 식민지 사람들은 일정한 세금만 내면 영국 본토의 국민들과 동등한 권리를 누리며 살 수 있었죠. 왕이 임명한 총독 외에 자치 기구를 만들어 식민지를 효과적으로 운영할 관리를 선출하고 여러 문제를 스스로 해결할 정도였어요. 그런데 갑자기 식민지에만 이렇게 많은 세금을 부과한다고 하니 식민지 곳곳에서 불만이 터져 나왔어요. 사람들은 격렬하게 항의했고 분노는 하늘을 찌를 듯했어요.

"왜 우리만 이렇게 많은 세금을 내야 해? 이건 불공평해!"

"우리도 똑같은 영국 국민이라고!"

예상보다 반발이 심해지자 정부는 이를 철회했어요. 하지만 이후에도 영국 정부는 식민지로부터 세금을 거둬들일 방법을 고민했답니다.

1767년 영국 정부는 식민지에 수입되는 종이, 유리, 차, 페인트 등에 세금을 부과하는 '타운센드법'을 통과시켰어요. 일상적으로 쓰는 물품에 세금을 매기자 식민지 사람들은 다시 분노했어요. 이번엔 세금을 부과하는 법안에 대한 반대를 넘어 영국 정부와 왕실에 반감을 드러냈지요.

식민지에서 발행되는 신문과 잡지에는 날마다 영국 정부를 비판하는 글이 실렸어요. 자신들의 동의 없이 통과된 법

은 따를 수 없으며 영국 국민이 당연히 누려야 할 권리를 빼앗기는 거라는 생각이 식민지 곳곳으로 퍼져나갔어요. 그리고 이들은 영국 의회에서 자신들의 목소리를 내 줄 사람이 필요하다고 생각했어요.

식민지 사람들의 분노는 용광로처럼 들끓었어요. 이런 상황에 매사추세츠주 보스턴에서 독립의 시발점이 되는 결정적인 사건이 발생합니다. 자, 이번엔 보스턴으로 가 볼까요?

보스턴 차 사건

보스턴은 영국의 북아메리카 식민지에서 정치, 경제, 문화 등 모든 면의 중심지 역할을 했던 곳이에요. 말하자면 영국 식민지의 본거지라고 할 수 있죠. 타운센드법이 만들어진 이후 식민지에서는 영국 정부에 대한 반발이 점점 커지고 있었어요. 보스턴에서는 특히 그 정도가 더 심했답니다.

매사추세츠주의 정치가이자 식민지 사람들의 지도자 중 한 명이었던 새뮤얼 애덤스는 '자유의 아들들'이라는 단체를 이끌었어요. 이들은 영국 정부와 타운센드법을 반대하는 집회를 주도했지요. 또 보스턴뿐만 아니라 식민지 곳곳에 모여 폭동을 일으키기도 했어요.

식민지 사람들이 강력하게 반발하자 영국 의회는 이번에도 슬그머니 한 발짝 물러섰어요. 차를 뺀 나머지 물품에 대한 세금을 없앤 거예요. 하지만 1773년 영국 정부는 차세법을 통과시켜 동인도 회사만 식민지에 홍차를 팔 수 있게 했어요.

새뮤얼 애덤스 ↑

동인도 회사가 홍차를 독점하자 그동안 홍차를 팔아 돈을 벌었던 식민지 상인들은 하루아침에 큰 피해를 보았어요. 곧 식민지에서는 영국 홍차 불매 운동이 일어났고, 식민지 대부분의 항구에서 동인도 회사의 배가 실어 온 홍차를 받는 것을 거부했어요.

급기야 1773년 12월에는 상인들이 동인도 회사의 선박에 올라타 홍차가 담긴 궤짝 342개를 전부 바다에 던져 버리는 일이 발생했어요. 상인들은 자신들이 누군지 알 수 없게 원주민처럼 변장까지 했지요. 이게 '보스턴 차 사건'이랍니다. 이 사건을 주도한 사람은 앞서 말한 '자유의 아들들'이었어요.

식민지에서 반발할 때마다 한발 물러섰던 영국도 이번에는

↑ 보스턴 차 사건

가만있지 않았어요. 영국은 군대를 보내 보스턴항을 봉쇄하고 식민지의 자치권을 박탈했어요. 하지만 이런 결정은 식민지 사람들의 분노와 적개심만 키울 뿐이었어요.

 1774년 조지 워싱턴과 존 애덤스, 새뮤얼 애덤스 등 식민지의 지도자들은 '제1차 대륙 회의'를 열어 영국 정부의 부당한 조치에 항의했어요. 이에 영국은 식민지의 무역을 전면 금지하고 북대서양 어업권까지 빼앗으며 더욱 강력하게 식민지를 압박했죠. 버티다 못한 식민지 사람들이 선택한 건 바로 영국으로부터의 독립이었어요. 이렇게 보스턴 차 사건은 미국 독립의 방아쇠를 당겼답니다.

미국 혁명과 새로운 나라 미국의 탄생

"탕!"

1775년 4월, 미국 독립의 서막을 여는 한 발의 총성이 울렸어요. 보스턴의 서쪽 렉싱턴과 콩코드 부근에서 영국군과 식민지의 민병대 사이에 첫 전투가 벌어진 거예요. 이 전투에서 승리한 건 뜻밖에도 민병대였어요. 하지만 본격적인 전쟁은 이제부터 시작이었답니다.

식민지 지도자들은 '제2차 대륙 회의'를 열어 앞으로 이어질 전쟁에 대응하기 위해 독립군을 만들었어요. 그리고 조지 워싱턴을 총사령관으로 임명했어요. 조지 워싱턴은 훗날 미국의

렉싱턴·콩코드 전투

초대 대통령이 되는 인물로, 미국 독립의 영웅이자 건국의 아버지라 불리는 사람이죠.

첫 번째 승리로 식민지 사람들의 사기는 하늘을 찌를 듯했어요. 하지만 이때까지만 해도 식민지 사람들 모두가 독립을 원하는 건 아니었어요. 영국이라는 나라 안에서 영국 본토의 국민과 동등한 권리를 갖는 것만으로도 충분하다고 생각하는 사람도 많았지요. 그도 그럴 것이 당시 초강대국이었던 영국으로부터 독립한다는 건 계란으로 바위 치기나 다름없었거든요.

"영국의 보호 없이 우리가 살아남을 수 있을까?"

"적당히 타협해서 우리의 권리를 찾는 것만으로도 충분해."

토머스 페인 ↑

식민지 사람들이 하나로 똘똘 뭉쳐도 이길까 말까 하는 싸움인데 이런 생각이 퍼져 나가는 건 매우 위험했어요. 독립을 주장하는 사람들 사이에서는 이런 사람들을 설득할 수 있는 확실한 논리가 필요했어요. 이때 등장한 인물이 바로 영국 출신의 사상가 토머스 페인이에요.

토머스 페인은 미국 독립의 정당성을 주장한 〈상식〉이라는 책을 발표하며 식민지 사람들에게 엄청난 영향을 끼쳤어요. 그 내용을 잠시 살펴볼까요?

> 그동안 왕은 비난으로부터 벗어나 정당함의 대명사로 여겨졌다. 이건 말도 안 되는 소리다. 왕은 폭력으로 지배해 왔다. 영국의 왕은 자기 마음대로 식민지 사람들에게 복종을 강요하는 잔인한 짐승에 불과하다.

토머스 페인은 영국의 식민지 지배를 '폭력'이라 하고 영국의 왕을 '잔인한 짐승'이라고 표현했어요. 식민지가 독립하는 것은 잔인한 짐승의 폭력에서 벗어나는 것이라며 정당성을 주장했어요. 이 책은 순식간에 50만 부가 팔렸고 영국의 식민지로 남고 싶어 하는 사람들의 생각을 완전히 뒤집어 놓았어요. 그리고 1776년 7월 4일, 필라델피아에 모인 13개 식민지 대표들은 독립 선언문을 발표했어요.

미국 역사상 가장 중요한 문서라고 할 수 있는 독립 선언문에는 식민지 사람들의 들끓는 독립 의지는 물론, 자유와 평등,

↑ 독립 선언문을 발표하는 식민지 대표들

행복의 추구 등 오늘날 민주주의의 기본 원리까지 잘 드러나 있었답니다.

독립 선언문 발표를 시작으로 13개 식민지는 똘똘 뭉쳐 본격적으로 영국에 대항하기 시작했어요. 전쟁 초기에는 불리했지만, 독립군 총사령관인 조지 워싱턴이 활약하고 영국과 사이가 좋지 않았던 프랑스, 에스파냐, 네덜란드까지 미국의 독립을 지원하면서 전쟁의 흐름이 바뀌기 시작했어요.

영국은 1781년 10월 버지니아 요크타운 전투에서 패하며 항복을 선언하고 말아요. 7년간 이어진 전쟁이 마침내 막을 내린 거예요. 1783년 프랑스 파리에서는 전쟁의 참전국이 모여 영국의 식민지를 독립국으로 인정한다는 강화 조약을 체결했어요. 전 세계에 미국이라는 새로운 나라의 탄생을 알린 순간이었어요. 그로부터 6년 뒤인 1789년 미국 독립의 영웅이었던 조지 워싱턴은 미국의 첫 대통령이 되었답니다.

　지금까지 미국이 어떻게 독립 국가로 첫발을 내디뎠는지 차근차근 살펴봤습니다. 독립 이후 미국은 빠른 속도로 발전하면서 서부로 점점 땅을 넓혀 갔어요. 하지만 그 과정에서 갈등도 점점 커지고 있었답니다. 이 이야기는 다음 장소로 가서 계속해 볼게요.

2장 링컨과 노예 제도의 시작

우리는 지금 미국의 수도 워싱턴 D.C.에 도착했습니다. 정식 명칭은 '워싱턴 컬럼비아 특별구'라고 합니다. 우리나라로 치면 서울특별시 같은 거죠. 1790년 미국의 수도로 지정된 워싱턴 D.C.는 대통령 관저와 집무실인 백악관과 국회 의사당, 연방 대법원 등 미연방 정부의 핵심 기관이 모여 있어요. '미국의 심장'이라고 할 수 있는 중요한 도시죠.

유명한 박물관이나 미술관이 몰려 있는 내셔널 몰 한가운데에는 하얗고 뾰족한 워싱턴 기념탑이 우뚝 솟아 있어요. 바로 미국 초대 대통령 조지 워싱턴을 기리기 위해 세운 거지요. 오벨리스크를 닮은 이 기념탑은 영화에도 자주 나와 한 번쯤 본 적이 있을 겁니다.

그리고 이 도시엔 미국사에서 빼놓을 수 없는 충격적인 사건이 일어난 장소가 있는데요. 바로 지금 여러분이 보고 있는 '포드 극장'입니다.

1865년 4월 14일, 이 극장에서는 〈우리 미국인 사촌〉

워싱턴 기념탑 ↑

이라는 연극이 한창 진행되고 있었어요. 극장 안의 불이 꺼지고 사람들의 박수가 쏟아지던 순간, 발코니 좌석에서 한 발의 총성이 울려 퍼졌어요. 곧 한 남자가 쓰러졌죠. 총을 쏜 사람은 무대 위로 뛰어 올라가 이렇게 소리쳤답니다.

"독재자의 마지막은 언제나 이런 모습이다!"

이 남자가 말한 독재자, 그러니까 총에 맞고 쓰러진 사람의 정체는 바로 미국의 16대 대통령 에이브러햄 링컨이었어요. 연극을 보고 있었던 사람들은 모두 깜짝 놀랐어요.

링컨은 왜 암살의 대상이 되었을까요? 그리고 범인은 왜 링컨이 독재자라고 외쳤을까요? 그건 바로 노예 해방을 두고 벌어진 남부와 북부의 갈등 때문이었답니다. 지금부터 링컨을 중심으로 이 이야기를 해 보겠습니다.

변호사가 된 켄터키 촌놈

링컨은 노예 해방을 이뤄 낸 위대한 정치가이자 최고의 연설가, 훌륭한 리더의 표본으로 잘 알려져 있어요. 링컨은 대체 어떤 삶을 살았기에 오늘날까지 미국인들의 존경을 한 몸에 받고 있는 걸까요?

1809년 링컨은 미국 중남부 내륙에 있는 켄터키주의 작은 통나무집에서 가난한 농부의 아들로 태어났어요. 시골에 살았던 그는 어려서부터 농장 일을 도와야 했기 때문에 학교를 다니는 건 꿈도 꾸지 못했어요. 심지어 그는 품삯을 벌기 위해 이웃 농장에 가서 일을 하기도 했지요.

링컨은 학교를 채 1년도 다니지 못했지만, 배움의 의지만큼은 누구보다 강했어요. 그는 학교 대신 책을 통해 지식을 습득했어요. 당시 미국 시골에서는 책이 사치품일 정도로 귀했기 때문에 그는 먼 곳까지 가서 책을 빌려다가 시간을 쪼개 가며 책을 읽었답니다. 이미 한 번 읽은 책도 읽고 또 읽었죠.

아무튼 링컨은 공부를 게을리하진 않았던 모양이에요. 스물세 살이 되던 해에 변호사 시험에 합격해 변호사가 되었거든요. 그리고 변호사로 활동하던 중 링컨은 낸시라는 흑인 노예 여성에 관련된 소송을 맡으면서 인생의 전환점을 맞이하게 되었어요. 바로 '베일리 대 크롬웰 사건'이라고 불리는 소송이었지요. 어떤 사건인지 한번 살펴볼까요?

한 척의 배에서 시작된 노예 제도

낸시는 1813년 일리노이주에서 태어났어요. 그녀는 어릴 때 경매에 부쳐져 크롬웰이라는 사람에게 노예로 팔렸어요. 낸시는 자신이 노예 제도를 폐지한 주에서 태어났기 때문에 노예가 아니라고 주장하며 소송을 제기했어요. 하지만 법원은 그녀의 주장을 인정하지 않았답니다.

이후 낸시는 노예 제도 폐지론자인 베일리에게 팔렸고, 베일리는 그녀를 자유롭게 살 수 있도록 허용했어요. 그런데 베일리는 크롬웰에게 돈을 주지 않았어요. 낸시가 애초에 노예가 아니라고 생각했기 때문에 돈을 줄 이유가 없었던 거죠. 그러자 크롬웰 가족은 베일리를 고소했어요.

베일리는 첫 재판에서 졌지만, 판결을 따를 수 없었어요. 그래서 다시 재단을 신청하면서 친구였던 링컨에게 이 사건을 맡겼어요. 링컨은 재판에서 '노예 제도가 폐지된 일리노이주에서 태어난 흑인은 노예가 아니기 때문에 매매는 불법'이라고 주장했어요. 대법원은 1841년 링컨의 주장을 받아들여 베일리의 손을 들어주었어요.

마침내 낸시는 자유의 몸이 됐어요. 링컨이 사건을 맡은 지 1년 만의 일이었어요. 낸시는 미국에서 합법적으로 해방된 최초의 노예였답니다.

　이 사건을 계기로 링컨은 노예 문제를 자세히 들여다보게 됐어요. 당시 농장에 끌려간 노예들은 하루 종일 고된 일을 해야 했어요. 하지만 그들은 제대로 된 음식도 얻지 못했답니다.

　게으름을 피우거나 피곤한 기색을 보이면 가차 없이 처벌이 내려지기도 했어요. 특히 도망치다가 붙잡힌 노예에겐 호되게 채찍질을 했고, 다시는 도망치지 못하도록 목에 쇠로 된 기구를 채우기도 했어요.

　링컨은 노예들의 이런 처참한 생활을 보고 노예 제도에 문제의식을 갖게 됐어요. 당시 아프리카에서 건너온 노예들은 특히 미국 남부 지역으로 많이 끌려갔는데요. 그 이유는 미국 남부와 북부가 서로 다르게 발전했기 때문이에요. 남부와 북부는 어떤 차이가 있었을까요?

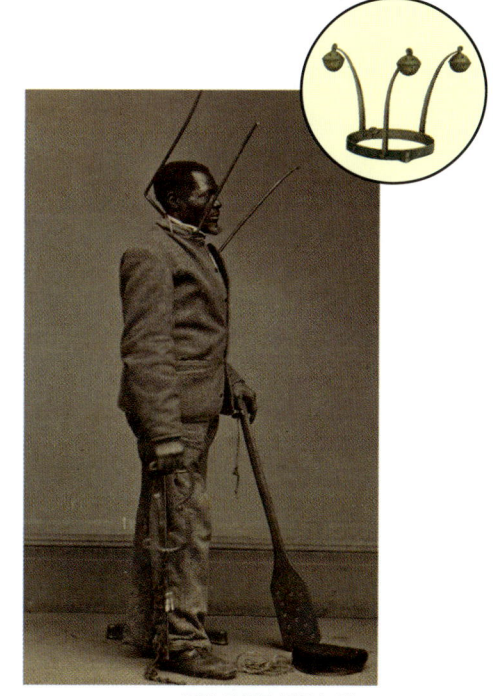

목에 족쇄를 채운 노예 ↑

처음 13개 식민지로 출발했던 때에는 미국 전체가 농업 사회였지만, 북부는 추운 날씨와 척박한 땅 때문에 농사를 짓기가 힘들었어요. 대신 목재가 풍부하고 배가 드나드는 항구가 많아 물건을 만들어 사고파는 상공업이 발달했지요.

반면에 남부는 땅이 기름진 데다가 기후도 따뜻해서 대규모로 작물을 재배하는 기업형 농장을 운영하기가 좋았어요. 농장 일은 손이 많이 가잖아요. 그러다 보니 상공업을 주로 하는 북부보다는 남부에서 노예가 많이 필요했답니다.

특히 목화 농장을 운영하는 데 더 많은 노예가 필요했어요. 1793년 목화에서 씨와 면섬유를 분리하는 조면기가 발명되면서 면섬유 생산량이 예전과는 비교가 되지 않을 정도로 늘어났거든요. 면섬유가 남부의 주력 상품으로 떠오르자 목화 농

농장에서 일하는 노예들 ↓

장은 더욱 커졌고, 그에 따라 일손이 많이 필요해졌어요.

농장주들은 닥치는 대로 흑인 노예를 구하기 시작했어요. 1619년 20명이었던 흑인 노예는 1860년 무렵엔 무려 390만 명으로 늘어났어요. 남부의 일부 지역에서는 흑인 노예 인구가 백인 인구보다 훨씬 많을 정도였어요.

이렇게 남부와 북부는 서로 다른 방향으로 발전하면서 노예 제도에 대한 입장도 확연히 달라졌어요. 그리고 이 차이는 미국을 둘로 갈라 놓는 결정적인 계기가 되었답니다.

자유주와 노예주의 갈등

1700년대 후반부터 1800년대 중반까지 미국에서는 노예의 수가 꾸준히 증가했지만, 이 무렵 유럽 각국에서는 노예 무역을 금지하고 있었어요. 계몽주의의 영향으로 불합리한 제도와 관습에 대한 비판이 이어지고, 개인의 자유와 인권에 대한 사람들의 인식이 바뀌면서 노예 제도를 비판하는 목소리가 커졌기 때문이에요.

> **계몽주의**
> 인간의 이성으로 중세의 미신이나 잘못된 믿음, 불합리한 제도와 관습을 과감하게 바꾸자는 사상.

1800년대 초 덴마크와 영국이 노예 무역을 금지한 데 이어 프랑스도 이에 동참했고, 다른 유럽 국가와 남아메리카의 새로 독립한 국가들도 노예 무역을 금지하는 추세였어요. 미국 연방 정부도 이런 흐름에 맞춰 1808년 노예 무역을 전면 금지하기로 했지요.

물론 이는 노예를 다른 나라로부터 사들이지 못하게 되었다는 의미일 뿐, 노예 제도를 완전히 폐지한다는 말은 아니었어요. 그래도 남부 사람들에게는 발등에 불이 떨어졌어요. 당장 일손이 부족해지니까요. 남부 사람들은 노예를 구하기 위해 온갖 방법을 썼어요. 북아메리카 대륙 안에 살고 있는 흑인을 납치해 노예로 팔아넘기기도 했죠. 밖에서 데려오는 노예가 없으니 안에서 노예를 구하려고 한 거예요.

노예 무역은 금지됐지만 노예들의 삶은 전혀 나아지지 않았어요. 오히려 더 나빠졌죠. 견디다 못한 남부의 노예들은 탈출을 시도했고, 농장주들은 도망친 노예를 잡기 위해 현상금을 걸었어요. 1850년에는 '도망 노예법'을 만들어 도망친 노예를 다시 잡아 올 수 있는 법까지 만들었죠. 여기서 퀴즈!

Q 일부 남부 지역에서 흑인 노예의 수를 늘리기 위해 썼던 극단적인 방법은 무엇일까요?

 또 다른 나라로부터 몰래 수입하지 않았을까요?

 금지된 노예 수입을 하다가 걸리면 벌금을 아주 많이 내야 해서 그러지 못했습니다.

 인구를 늘리는 방법 중에 아이를 낳는 방법이 있잖아요. 노예도 아이를 낳게 해서 수를 늘렸을 것 같아요.

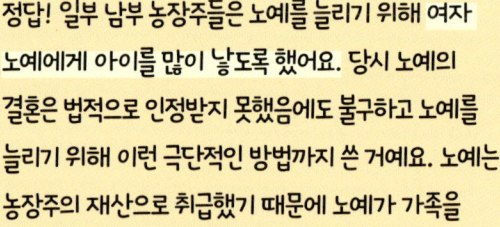

정답! 일부 남부 농장주들은 노예를 늘리기 위해 여자 노예에게 아이를 많이 낳도록 했어요. 당시 노예의 결혼은 법적으로 인정받지 못했음에도 불구하고 노예를 늘리기 위해 이런 극단적인 방법까지 쓴 거예요. 노예는 농장주의 재산으로 취급했기 때문에 노예가 가족을 이루더라도 얼마든지 마음대로 팔 수 있었어요.

한편, 상공업이 발달해 노예 제도를 유지할 이유가 없는 미국 북부 대부분의 주에서는 1850년대까지 단계적으로 노예 제도를 폐지했답니다. 이런 주들을 자유주라고 불러요. 여기서 더 나아가 자유주들은 미국에서 노예 제도를 완전히 폐지하자고 주장하기 시작했어요.

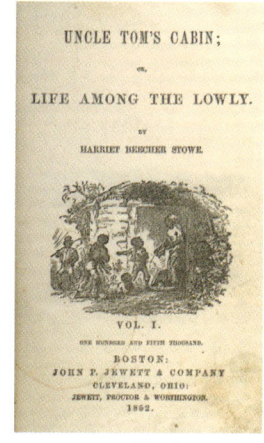

처음 출간됐던
<톰 아저씨의 오두막> 표지

"비인간적이고 비합리적인 노예 제도는 반드시 폐지되어야 합니다!"

"독립 선언문의 기본 정신에도 어긋나는 이런 비인간적 제도를 유지해야 할 이유가 없습니다!"

잡지와 신문, 책을 이용해 노예 제도 폐지를 호소하기도 했는데, 그중에서 가장 유명한 건 소설 <톰 아저씨의 오두막>이었어요. 노예의 비참한 생활을 사실적으로 묘사한 이 작품은 북부에서 엄청난 인기를 끌며 노예 제도 폐지 운동에 불을 지폈어요.

북부 자유주들이 노예 제도를 반대한 데에는 정치적인 이유도 컸어요. 당시 미국은 서부로 점점 영토를 넓혀 가고 있었는데, 새로운 영토가 노예주가 된다면 남부의 정치적 힘이 세지겠죠? 북부 사람들은 바로 이걸 걱정한 거예요. 그러니까 사실 북부 사람들은 노예 제도 자체를 반대했다기보다는 노예 제도의 확산을 반대한 거지요.

북부의 이런 분위기와는 달리 남부 사람들의 생각은 정반대였답니다. 그들은 노예 제도를 폐지할 생각이 전혀 없었어요.

남부 지역의 드넓은 농장을 운영하기 위해서는 노예의 노동력이 필수였기 때문이에요. 당시 미국 남부 지역의 경제는 사실상 흑인 노예들의 값싼 노동력에 의해 유지되고 있다고 해도 틀린 말은 아니었거든요. 남부 사람들도 물러서지 않았죠.

"목화를 키우는 게 얼마나 힘든 일인지 알아? 절대 노예 제도를 폐지할 수 없어!"

"노예 제도를 폐지하면 우리는 독립할 거야!"

남부의 노예주에서 공공연히 독립하겠다는 말이 흘러나오자 미국 연방 정부도 노예 제도를 폐지하겠다고 딱 잘라 말하지 못했어요. 나라를 반으로 쪼갤 수는 없으니까요.

이런 상황 속에서 미국 중부의 캔자스주에서는 노예 제도 폐지론자들과 옹호론자들이 충돌해 200명이 목숨을 잃는 일까지 발생했어요. 이렇게 미국은 노예 제도를 폐지해야 한다는 북부의 자유주와 어떻게든 노예 제도를 유지하려는 남부의 노예주로 나뉘어 대립했고, 갈등은 걷잡을 수 없이 커졌답니다.

3장 남북 전쟁과 노예 해방

갑자기 탁 트인 풍경이 펼쳐져서 좀 놀랐죠? 여긴 미국의 수도 워싱턴에서 북쪽으로 100킬로미터 정도 떨어진 게티즈버그라는 작은 마을입니다. 넓은 초원과 나지막한 언덕이 펼쳐진 이곳에서 남북 전쟁 최대의 전투가 벌어졌답니다. 바로 게티즈버그 전투죠.

게티즈버그 전투는 남북 전쟁 중에서도 가장 많은 사상자를 냈던 치열한 전투로 잘 알려져 있습니다. 남북 전쟁이 시작된 지 2년이 훌쩍 지났을 무렵, 수세에 몰린 남부군은 북부 연방의 수도였던 워싱턴을 공격하기 위해 북쪽으로 진격했어요. 북부군은 이를 저지하기 위해 게티즈버그에 대군을 집결시켜 총력전을 펼쳤죠.

게티즈버그 전투 ↓

남부와 북부의 운명을 건 치열한 전투에서 양측은 모두 엄청난 희생을 치렀답니다. 그리고 링컨은 바로 이곳에서 미국 역사상 가장 위대한 연설을 하며 이렇게 말했어요.

"국민의, 국민에 의한, 국민을 위한 정부는 결코 이 땅에서 사라지지 않을 것입니다."

링컨은 왜 이런 말을 했을까요? 지금부터 미국이 어떻게 둘로 갈라졌는지, 그리고 노예가 해방되기까지 어떤 일이 있었는지 하나하나 벌거벗겨 볼게요.

대통령이 된 링컨

1857년 남부와 북부의 갈등이 깊어지고 있는 상황에서 양쪽 모두 주목할 수밖에 없는 중요한 판결이 있었어요. 바로 '드레드 스콧 판결'이에요.

남부 미주리주의 노예였던 드레드 스콧은 주인과 함께 북부의 자유주인 일리노이주와 미네소타주에서 오랫동안 살았어요. 그리고 몇 년 후 다시 미주리주로 돌아왔답니다.

↑ 드레드 스콧

스콧은 자신이 노예 제도가 폐지된 주에서 오래 살았으니 더 이상 노예가 아니라고 생각했어요. 하지만 남부 사람들은 그를 여전히 노예로 취급했어요. 그는 노예 제도 폐지론자들의 도움을 받아 소송을 제기했어요.

이 소송은 당시 미국 전체에서 큰 주목을 받았어요. 사법부가 노예 제도로 첨예하게 대립하는 남부와 북부 중 누구의 손을 들어주느냐의 문제로 받아들여졌기 때문이에요. 사람들은 눈에 불을 켜고 이 소송이 어떻게 마무리되는지 지켜보았어요. 결국 연방 대법원은 남부의 손을 들어줬지요. 드레드 스콧이 패소한 거예요. 여기서 퀴즈!

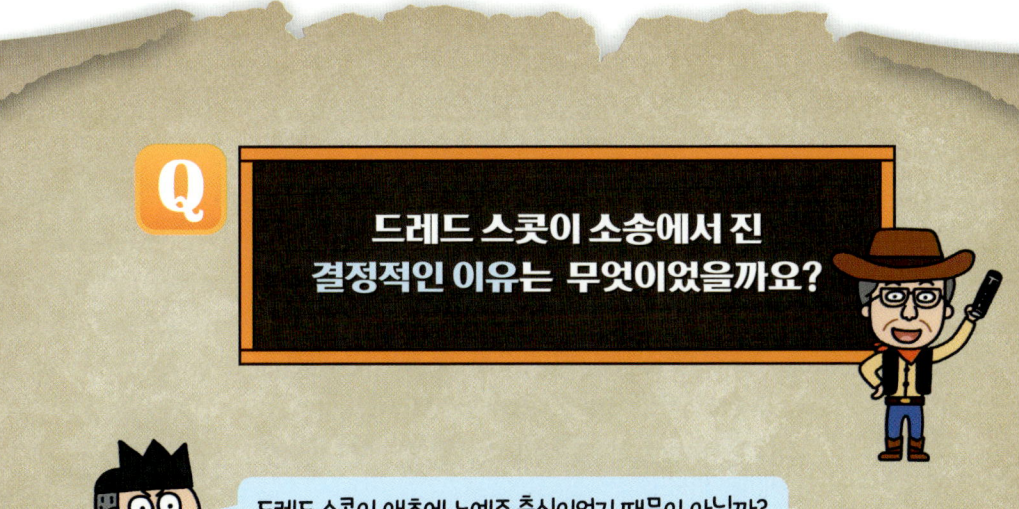

Q 드레드 스콧이 소송에서 진 결정적인 이유는 무엇이었을까요?

드레드 스콧이 애초에 노예주 출신이었기 때문이 아닐까?

한번 노예는 영원한 노예라는 건가? 너무해.

교수님, 재판을 담당한 판사가 남부 출신이었어요?

당시 대법원장이 남부 출신인 건 맞지만, 딱 들어맞는 정답은 아닙니다. 좀 더 근본적인 이유였죠.

근본적인 이유? 간단하네! 미국 시민이 아니라고 하면 되잖아요. 그럼 소송도 할 수 없는 거 아니예요?

정답! 대법원은 드레드 스콧을 애초에 미국 시민으로 인정하지 않았던 겁니다. 연방 대법원의 판결문을 잠깐 살펴볼까요?

> "자유주에서 살았다는 이유만으로 스콧이 자유인이 될 수 있는 것은 아니며, 미국은 흑인을 시민으로 인정하지 않으므로 드레드 스콧은 법정에 소송을 제기할 권리가 없다."

그러니까 이 말은 흑인 노예는 미국의 시민이 아니기 때문에 소송 자체를 제기할 수 없다는 뜻이에요. 이에 덧붙여 대법원은 노예를 해방하는 건 재산권 박탈에 해당한다고 밝히기도 했어요. 노예를 '재산'으로 본 거죠.

대법원이 남부의 손을 들어준 거나 다름없었으니 남부는 축제 분위기였어요. 하지만 북부에서는 이 판결을 도저히 받아들일 수 없었고, 곳곳에서 판결에 대한 비판이 이어졌어요. 이 판결을 계기로 남부와 북부의 갈등은 더욱 심해졌지요. 이제 남부와 북부는 3년 뒤에 열릴 대통령 선거에 사활을 걸었답니다.

　"대통령은 무슨 일이 있어도 우리 편을 뽑아야 해!"

　노예주와 자유주 모두 자신들과 뜻을 같이할 새로운 대통령을 뽑는 일이 무엇보다 중요해졌어요. 이때 북부 쪽에서 새롭게 급부상한 인물이 바로 링컨이었죠.

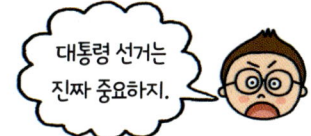

대통령 선거는 진짜 중요하지.

　링컨은 '베일리 대 크롬웰 사건' 이후 변호사로 승승장구했어요. 그러다 1846년 정치 활동을 시작했고, 1858년 일리노이주 상원 의원 선거에 출마했어요. 당시 링컨은 현직 의원이자 유명 정치인이었던 더글러스와 모두 일곱 차례의 열띤 토론을 벌였는데, 이때 토론 주제가 바로 노예 제도였어요.

　링컨은 이 토론에서 미국에 새로 편입되는 주에서 노예 제도를 폐지해야 한다고 주장했어요. 앞선 드레드 스콧 판결을 비판하며 이런 일이 반복된다면 앞으로 미국에서 노예주가 더 늘어날 거라고 말하기도 했죠.

또 그는 토론 과정에서 감동적인 연설을 해서 미국인들의 머릿속에 깊은 인상을 심어 주었답니다.

"분열된 집은 바로 설 수 없습니다. 어떤 주는 노예 제도를 고집하고 어떤 주는 반대하는 한 이 나라는 지속될 수 없을 것입니다. 저는 우리의 집이 분열되는 것을 원치 않습니다. 분열을 더 이상 방치해서는 안 됩니다."

링컨은 미국이 둘로 갈라지는 걸 막기 위해서라도 궁극적으로 노예 제도를 폐지해야 한다고 주장했어요. 링컨과 더글러스의 토론은 전국적인 화젯거리로 떠올랐어요.

시골 변호사이자 풋내기 정치인이었던 링컨은 이 선거에서 아주 근소한 차이로 졌어요. 하지만 노예 제도에 대해 단호히 반대 입장을 밝힌 링컨은 북부의 입장을 대표하는 정치인으로 떠올랐어요. 그리고 1860년 치러진 대통령 선거에서 북부 사람들의 압도적인 지지를 받으며 미국의 16대 대통령으로 당선되었지요. 그러나 국가가 분열되어서는 안 된다고 강조했던 링컨이 대통령으로 당선된 직후, 미국은 결국 둘로 갈라지게 됩니다.

남북 전쟁의 시작

노예 제도 폐지를 주장했던 링컨이 대통령 자리에 오르자 남부의 7개 주는 즉시 연방 탈퇴를 선언했어요. 사우스캐롤라이나를 시작으로 미시시피, 플로리다, 앨라배마, 조지아, 루이지애나, 텍사스가 연방에서 탈퇴했고, 1861년 2월 '남부 연합'이라는 이름으로 독립 국가를 결성해 대통령까지 새로 뽑았어요.

"지금까지 존재한 미연방은 해체되었고 우리는 완전한 권리를 가진 개별적이고 독립된 국가가 되었음을 엄숙히 선서하는 바이다!"

미국이 건국 84년 만에 남과 북으로 나뉜 거예요. 당연히 북부 사람들은 이를 인정하지 않았어요. 링컨 역시 연방 탈퇴를 반란으로 규정하며 강력하게 경고했어요. 하지만 남부 연합은 아랑곳하지 않았어요. 그들은 독자적인 헌법을 만들고 정부를 새로 조직하며 차근차근 독립 절차를 밟아 나갔답니다.

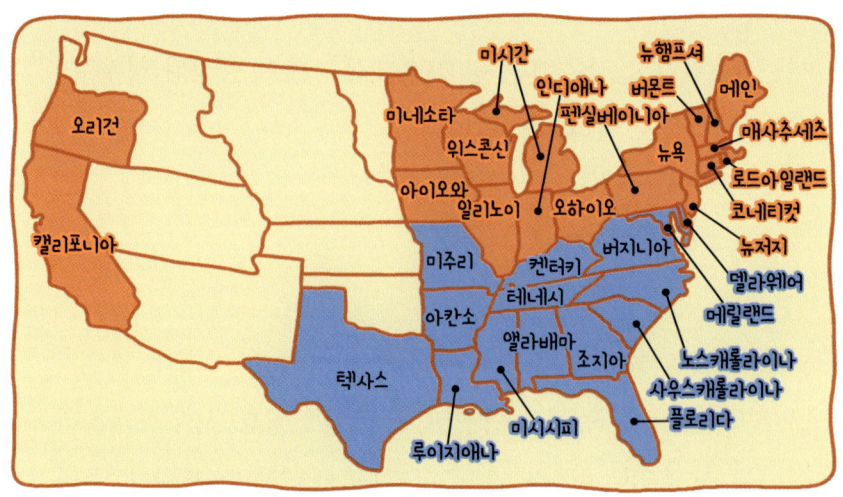
↑ 1860년 노예 제도 찬성과 반대 현황

남부 연합은 1861년 4월 12일 북부를 공격했어요. 드디어 남북 전쟁이 시작된 거예요. 전쟁이 시작되자 버지니아와 노스캐롤라이나, 테네시, 아칸소 등 4개 주가 연방 탈퇴를 선언하고 남부 연합에 가입했어요. 당시 총 34개 주 가운데 11개 주가 떨어져 나간 거예요. 남부 연합의 사기는 크게 올라갔어요. 그래도 전쟁은 북부가 절대적으로 우세했어요.

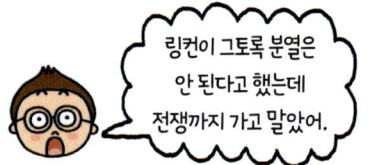
링컨이 그토록 분열은 안 된다고 했는데 전쟁까지 가고 말았어.

당시 북부는 인구 2,200만 명의 23개 주였고, 남부 연합은 인구 900만 명의 11개 주가 가담했어요. 수적으로 북부가 훨씬 유리했지요. 게다가 상공업 위주로 발달한 북부는 농업 지대인 남부보다 군수 물자를 생산할 수 있는 공장 수, 병력과 무기 등을 효과적으로 실어 나를 수 있는 철도의 길이, 전쟁 자금으로 쓸 수 있는 은행 예금액의 규모 등 모든 면에서 압도적으로 우세했어요.

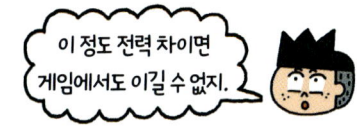

하지만 막상 뚜껑을 열자 남부의 기세가 무서웠어요. 남부군은 고향을 지키고 독립을 쟁취하겠다는 생각으로 똘똘 뭉쳤어요. 전쟁 첫해까지는 남부군이 북부군을 압도했어요. 그리고 남부 연합은 영국과 프랑스를 전쟁에 끌어들이려 했어요. 미국이 독립하기 위해 영국과 전쟁했을 때 프랑스의 도움을 받았잖아요. 이때처럼 남부 연합은 영국과 프랑스를 끌어들여 상황을 유리하게 만들려고 했지요.

유럽 강대국인 영국과 프랑스 입장에서도 남부를 지지하는 게 여러모로 유리하다고 생각했을 거예요. 점점 강해지는 미국을 둘로 쪼갤 수 있는 기회이기도 했고, 남부와의 무역이 봉쇄되는 바람에 면화를 수입하지 못해 큰 피해를 보고 있었거든요.

영국과 프랑스가 남부 연합을 정식 국가로 승인할 조짐이 보이자 링컨은 비장의 카드를 꺼내 들었어요. 바로 '노예 해방 선언'이었어요.

링컨의 노예 해방 선언

"1863년 1월 1일부터 미국은 노예 해방을 선언한다. 반란 주로 지정된 주를 포함해 미국 내에서 노예로 있는 모든 사람은 오늘부터 영원히 자유의 몸이 될 것이다. 미국은 그들의 자유를 인정하고 지킬 것이며 그들에게 어떠한 제한도 가하지 않을 것이다."

링컨의 노예 해방 선언은 엄청난 효과를 가져왔어요. 우선 영국과 프랑스가 남부 연합을 도울 수 없게 됐어요. 앞에서도 이야기했듯 노예 제도 폐지는 세계적인 흐름이었잖아요. 미국보다 먼저 노예를 해방했던 영국과 프랑스가 노예 제도를 옹

↑ 노예 해방을 선포하는 링컨

호하는 남부를 지지한다면 자국민은 물론 전 세계에서 비난이 쏟아질 게 불 보듯 뻔했죠. 노예 해방 선언으로 남부 연합은 외교적으로 완전히 고립되고 말았어요.

이렇게 되면서 전쟁에 대한 북부 사람들의 인식도 달라졌어요. 자유와 인권을 지키기 위한 전쟁이라는, 확실한 도덕적 명분이 생긴 거죠. 그러자 북부 사람들도 보다 적극적으로 전쟁에 임하기 시작했어요.

또 수많은 흑인 노예들이 남부의 농장에서 도망쳐 북부로 넘어왔어요. 이들은 북군에 가담해 싸웠고, 선원, 노동자가 되어 북부의 승리를 위해 직간접적으로 도움을 줬답니다. 링컨의 노예 해방 선언은 말 그대로 '신의 한 수'나 다름없었어요.

남부 연합은 궁지에 몰렸고, 전세는 급격하게 북부로 기울었어요. 하지만 남부 연합은 포기하지 않았어요. 남부 연합은 대군을 이끌고 북부의 수도인 워싱턴을 공격할 계획을 세웠죠. 수도를 위협하면 북부의 대통령인 링컨도 종전 협상에 나설 수밖에 없을 테니 협상에서 남부 연합의 독립을 승인받아 전쟁을 끝낼 생각이었던 거예요. 남부 연합 입장에서는 최후의

승부수를 던진 거죠.

남부 연합은 병력을 총동원해 북쪽으로 진격했어요. 북부도 이를 저지하기 위해 주력군을 보냈답니다. 약 7만 5,000명의 남부군과 약 10만 명의 북부군은 1863년 7월 펜실베이니아주 남부에 있는 게티즈버그에서 마주쳤어요.

게티즈버그에서 양측은 운명을 걸고 사흘간 싸웠어요. 치열하게 전투한 끝에 북부군이 승리했어요. 하지만 이 전투로 남과 북 합해서 5만여 명이 죽거나 다쳤어요. 전쟁의 참상에 남부와 북부 사람들 모두 충격을 받았지요.

치열한 전투가 벌어졌던 게티즈버그에서는 전쟁에서 희생된 이들을 위한 추도식이 열렸어요. 추도식에 참석한 링컨은 죽은 병사들의 영혼을 기리고 국민들을 위로하기 위해 연설을 했어요. 우리가 잘 알고 있는 그 유명한 말이 바로 이 연설에서 나왔답니다.

"오늘 이 자리에서 우리는 이들의 숭고한 희생이 절대 헛되지 않을 것이라고 다짐합니다. 신의 가호 아래 이 나라에서 자유가 새롭게 태동할 것이며 국민의, 국민에 의한, 국민을 위한 정부는 이 땅에서 결코 사라지지 않을 것입니다!"

역시 연설은 짧은 게 최고!

단어가 채 300개가 되지 않는 이 짧은 연설을 통해 링컨은

게티즈버그에서 군중에 둘러싸여 연설하는 링컨 ↑

 이곳에서 죽어간 사람들이 마지막까지 지키고자 했던 가치, 그러니까 미국이라는 나라가 추구하는 가치를 강조했어요. 그건 바로 '자유와 평등에 기반한 민주주의'였답니다.
 미국 역사상 가장 어두운 순간에 링컨은 미국이 추구하는 가치에 대한 자부심과 긍지를 드러내며 사람들을 위로하는 동시에 승리를 다짐한 거예요. 이 연설은 많은 사람들에게 큰 감동을 주었어요.
 게티즈버그 전투를 끝으로 남북 전쟁의 승패는 사실상 판가름이 났어요. 이후 전쟁은 2년 정도 더 이어졌지만, 1865년 4월 남부 연합의 수도였던 리치먼드가 함락되면서 4년여에 걸친 전쟁은 마침내 막을 내렸답니다.

남북 전쟁은 미국 역사상 가장 참혹한 전쟁이자 가장 많은 희생자를 낸 전쟁이었어요. 4년 동안 200여 차례가 넘는 전투가 벌어졌고 60만 명이나 되는 병사가 목숨을 잃었어요. 또 당시 기준으로 약 30억 달러의 재산 피해가 발생했는데, 이는 제1차 세계 대전의 총재산 피해보다 많은 액수였다고 해요. 하지만 이보다 더 큰 문제는 사람들의 마음속 깊이 자리 잡은 증오와 적대감이었어요.

분리된 평등

전쟁이 끝났으니 이제 둘로 쪼개져 싸운 미국을 다시 하나로 잘 봉합하는 일이 중요하겠죠? 링컨도 이를 잘 알고 있었어요. 남북 전쟁 막바지에 치러진 대통령 선거에서 재선에 성공한 링컨은 취임사에서 이렇게 말했답니다.

"누구에게도 원한을 품지 말고, 모두를 사랑하는 마음으로, 그리고 이 나라의 상처를 치유하고 정의롭고 지속적인 평화를 이룩하기 위해 노력합시다."

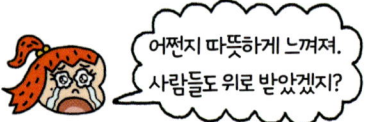

하지만 안타깝게도 링컨은 남북 전쟁이 끝난 지 겨우 5일 후인 1865년 4월

암살당하는 링컨

14일 워싱턴에 있는 포드 극장에서 암살당하고 말았어요. 범인은 유명한 연극배우였던 존 윌크스 부스였어요.

  남부 연합의 열렬한 지지자이자 노예 제도 옹호론자였던 그는 흑인에게 투표권이 확대되는 것을 막고 전쟁에서 패한 남부의 복수를 하기 위해 이런 짓을 저질렀다고 해요. 그는 링컨이 남부 사람들의 생활 방식까지 마음대로 바꾸려 하는 독재자라고 생각했던 거예요. 잘못된 신념이 불러온 참극이었죠.

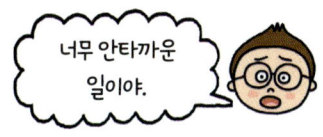

너무 안타까운 일이야.

  링컨은 충격받은 다음 날 아침 세상을 떠나고 말았어요. 그는 화해와 치유를 말했지만 증오와 보복의 희생양이 된 거예요. 그만큼 남북 전쟁 이후 남부 사람들의 마음속에 자리 잡은 피해 의식과 적개심은 무척 컸던 것 같아요.

시간이 지나면서 폐허가 된 건물과 농장은 빠르게 원래의 모습을 되찾았지만, 남부와 북부 사이의 갈등은 쉽게 봉합되지 않았어요. 그리고 노예 제도가 폐지된 이후에도 흑인에 대한 미국 사회의 차별은 여전했어요.

특히 남부에서는 전쟁이 끝나자마자 해방된 흑인 노예를 공격하는 극단적인 단체까지 생겨났어요. '케이케이케이(KKK)'라는 백인 우월 단체예요. KKK는 뾰족한 하얀 두건과 하얀 가운으로 온몸을 감싸고 돌아다니며 조금이라도 자신들에게 거슬리는 행동을 하는 흑인에게 무차별적인 폭행을 가했어요. 또 집을 불태우고 살해하는 등 끔찍하고 잔인한 범죄도 스스럼없이 저질렀죠. 이런 분위기 속에서 흑인들은 법적으로는 해방되었지만, 자유를 누릴 수가 없었어요.

흑인들은 남북 전쟁이 끝나고 노예 제도가 사라진 이후에도 미국 사회에 뿌리 깊게 자리한 차별과 혐오에 맞서 싸워야 했어요. 1960년대에 들어서야 다양한 흑인 민권 운동의 영향으로 인종 차별을 금지하는 민권법이 제정되었고, 투표권을 얻을 수 있었다고 해요. 링컨이 노예 해방 선언을 하고 나서도 무려 100년이나 지난 뒤였어요.

자, 이제 분위기를 바꿔 다음 여행지로 떠나 볼까요? 남북 전쟁 이후 미국은 성장에 성장을 거듭하면서 세계 경제의 중심지가 되었어요. 하지만 1920년대 후반 큰 위기를 맞게 되죠. 바로 세계 경제를 흔들어 놓았던 경제 대공황이 시작된 거예요. 이 이야기는 미국 최대의 도시인 뉴욕에서 이어 가 볼게요.

4장 경제 호황과 경제 대공황 시대

이곳은 미국 최대의 항구 도시이자 세계에서 가장 유명한 대도시 중 하나인 뉴욕입니다. 빼곡하게 늘어선 고층 건물들이 정말 많죠?

　미국 북동부에 위치한 뉴욕은 세계 무역과 경제의 중심지로 유명해요. 뉴욕의 역사는 1624년 무렵 네덜란드 상인들이 원주민과의 모피 무역을 하기 위해 지금의 맨해튼에 정착하면서 시작되었어요. 처음엔 뉴암스테르담이라는 이름으로 불렸다가 영국이 네덜란드로부터 이 지역을 넘겨받으면서 요크 공작의 이름을 따 뉴욕으로 바뀌게 되었답니다.

　뉴욕에는 '자유의 여신상'을 비롯해 세계에서 가장 번화한 거리인 타임스 스퀘어, 뉴욕의 대표적인 마천루인 엠파이어 스테이트 빌딩 등이 있어요. 그 어떤 도시보다 화려하고 풍요로우며 볼거리가 가득한 도시가 뉴욕이죠. 그런데 이곳에서 전 세계 경제를 휘청이게 했던 대공황이 시작되었어요. 이 도시에서 대체 무슨 일이 있었던 걸까요? 지금부터 벌거벗겨 보겠습니다.

자유의 여신상 →

산업 자본가 3인방의 등장

"주식에 투자하면 누구나 부자가 될 수 있습니다!"

"차를 사고 싶다고요? 지금 즉시 빚을 내고 차를 사세요!"

> **주식**
> 회사나 공장을 만들거나 운영하는데 필요한 돈을 투자자로부터 받고 발행하는 증서.

1920년대 미국의 뉴욕에서는 어디서나 이런 이야기를 들을 수 있었어요. 이 당시 미국은 전례 없는 호황을 누리고 있었거든요. 공장에서는 엄청나게 많은 물건이 생산됐고, 기업들은 물건을 팔기 위해 끊임없이 소비를 부추겼어요. 이런 분위기 속에서 많은 사람들이 돈을 빌려서라도 이런저런 물건을 사고는 했답니다. 미국이 이렇게 호황을 누릴 수 있었던 이유는 전쟁 때문이었어요.

19세기 후반 미국은 남북 전쟁을 계기로 세계 최강의 산업국의 반열에 올랐어요. 전쟁 물자를 대량으로 공급하기 위해 생산과 물류 체계가 획기적으로 바뀌면서 철강, 조선, 전기 산업이 크게 발달했기 때문이에요.

이 시기를 앞장서서 이끌었던 사람들이 바로 '석유왕' 존 록펠러, '철강왕' 앤드루 카네기, '금융왕' J. P. 모건이에요. 미국

록펠러 ↑ 카네기 ↑ 모건 ↑

 의 대표적인 산업 자본가 3인방이라고 할 수 있죠. 이들은 모두 뛰어난 사업 수완과 경영 능력으로 사업을 확장해 나갔고 엄청난 부자가 되었어요. 이들이 어떻게 돈을 벌었는지 살펴볼까요?

 '석유왕' 록펠러는 남북 전쟁 당시 석유 사업에 뛰어들어 큰 부자가 된 인물로 유명해요. 그는 '스탠더드 오일'이라는 석유 회사를 만든 다음 작은 회사와 합병해 몸집을 키웠어요. 이후 철도 회사들이 계속 자신의 석유를 운반하는 대가로 운송 수입의 10퍼센트를 되돌려 받았지요. '리베이트'라 부르는 이런 방법으로 록펠러는 어마어마한 이득을 챙겼답니다.

 록펠러는 이 돈을 바탕으로 다른 석유 회사와 무자비한 가격 경쟁을 했어요. 석유를 터무니없이 싼 가격에 팔기 시작한 거

↑ 카네기의 철강 회사가 1865년에 만든 철교

예요. 버티다 못한 작은 기업들은 파산하거나 록펠러의 회사에 헐값으로 합병됐어요. 결국 록펠러는 미국 석유 거래량의 무려 95퍼센트를 차지하게 되었지요. 석유왕 록펠러는 이런 방식으로 인류 역사상 최고의 부자가 되었어요.

'철강왕' 카네기도 록펠러와 비슷한 방법으로 사업을 확장했어요. 그는 남북 전쟁 때 곧 철도의 시대가 올 것을 예감했어요. 기차로 군수품을 옮기는 걸 보고, 앞으로 철도 건설을 많이 하게 될 거라 점친 거죠. 카네기는 철도를 깔고, 철도가 지나갈 다리를 만드는 철강 사업에 뛰어들었어요. 예상은 맞아떨어졌고, 카네기는 엄청난 돈을 벌어들였어요.

카네기는 그 과정에서 운송업자들에게 리베이트를 강요한 것은 물론, 외국 회사가 경쟁에 뛰어드는 걸 막기 위해 정치인을 매수하기도 했어요. 카네기 철강 회사는 한때 미국 철강 생산의 4분의 1을 차지할 정도로 큰 영향력을 미쳤답니다.

모건은 남북 전쟁 때 고장이 난 북부군의 소총을 한 자루에 3달러 50센트에 사들여서 대충 수리한 후 북부군에게 22달러에 되팔았어요. 무려 여섯 배 이상의 이익을 본 거죠. 모건은 이런 식으로 큰돈을 벌었어요.

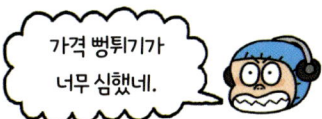

가격 뻥튀기가 너무 심했네.

모건은 1890년대 후반엔 당시 미국 2위의 철강 회사를 소유했고 카네기가 은퇴할 무렵에는 카네기 철강 회사를 자신의 회사와 합병해 자본금이 10억 달러가 넘는 초대형 철강 왕국을 만들었어요. 이외에도 모건은 은행의 막대한 자금력을 바탕으로 철도 회사와 전신 회사에도 투자해 경영권을 장악하고 작은 회사를 합병해 시장을 독차지했답니다.

록펠러, 카네기, 모건, 세 사람이 부자가 된 방법을 보면 공통점이 있어요. 하나는 모두 전쟁의 덕을 봤다는 것, 또 하나는 돈을 벌기 위해 수단과 방법을 가리지 않았다는 거예요. 록펠러는 리베이트, 카네기는 정경 유착, 모건은 인수 합병이라는 방법으로 돈을 벌었어요. 모두 바람직한 방법이라고 볼 수 없죠. 그리고 무엇보다 돈을 버는 과정에서 '독점'이라는 문제점을 낳았어요.

독점이란 하나의 기업이 시장을 지배해 이익을 독차지하는 걸 말해요. 당시 미국은 기업의 경제 활동을 철저하게 자율에 맡겼어요. 사회는 누구의 간섭도 받지 않고 자유롭게 각자의 이익을 추구할 때 발전한다고 믿었기 때문이에요.

정부는 그냥 개인의 생명과 재산을 보호하기 위해 질서만 유지하면 된다고 생각했어요. 정부가 기업 활동을 규제하거나 제한하는 어떤 법도 만들지 않았죠. 따라서 기업들은 돈을 벌기 위해 수단과 방법을 가리지 않았답니다.

한 분야를 하나의 기업이 독점하면 어떤 일이 벌어질까요? 경쟁이 없으니 기업 마음대로 제품의 가격을 결정할 수 있죠. 그러면 가격을 아무리 비싸게 책정해도 소비자는 어쩔 수 없

↑ 독점 회사들을 풍자한 그림

이 그 물건을 살 수밖에 없을 테고, 그 이익은 고스란히 기업가의 주머니로 들어가게 되는 거예요. 무슨 무슨 왕이라 불리는 기업가들은 이렇게 한 분야에서 독점하고 막대한 부를 쌓아 탄생했어요.

당시 미국에서 이런 방식은 전혀 불법이 아니었어요. 곧 온갖 분야에서 시장을 장악하고 이익을 독차지하는 독점 기업이 나타나기 시작했어요. 수많은 중소 기업이 파산하고 많은 사람이 일자리를 잃고 거리로 내몰렸지요. 그 결과 가난한 사람은 더욱 가난해지고 부자는 더욱 부자가 되는 '부익부 빈익빈' 현상도 나타났답니다.

이때부터 부익부 빈익빈이 나타난 거구나.

광란의 시대, 소비의 시대

일부 기업이 시장을 독점하고 빈부 격차가 심해지는 등 많은 문제가 발생하긴 했지만, 어쨌든 미국은 세계에서 가장 빠르게 경제가 성장하는 나라였어요. 그리고 1920년대에 들어서면서 미국은 본격적인 호황기를 맞이하게 되는데요. 그 정도가 얼마나 대단했는지 그 시기를 '광란의 시대'라고 불러요. 미국 최고의 경제 호황기를 이끈 건 이번에도 전쟁이었어요.

1914년에 시작된 제1차 세계 대전의 영향으로 유럽은 큰 혼란을 겪게 됩니다. 유럽이 전쟁에 휩싸여 있는 동안 바다 건너에 있던 미국은 식량과 무기 등의 군수 물자를 팔아 엄청난 이득을 챙겼어요. 전쟁 이후에는 유럽의 전쟁 피해 복구에 필요한 물자까지 수출하며 피폐해진 유럽을 대신해 세계 경제의 중심에 우뚝 설 수 있었답니다. 제1차 세계 대전의 특수를 마음껏 누린 거예요.

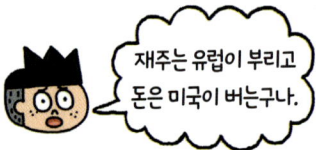

이 시기에 미국은 기술 혁신이 이루어지며 제조업이 폭발적으로 성장했어요. 산업 전반에 기계화가 이루어지면서 세계 제조업의 약 42퍼센트를 미국이 장악했죠.

특히 자동차 산업이 눈부시게 발전했어요. 포드사는 컨베이어 벨트를 이용한 조립 설비를 처음으로 자동차 공장에 도입했어요. 그러자 열두 시간 반 만에 한 대꼴로 생산되던 자동차는 한 시간 반 만에 한 대꼴로 생산되었어요.

자동차 생산량이 늘어나자 가격은 내려갔어요. 전쟁 전까지만 해도 사치품이었던 자동차는 1920년대 말이 되자 집집마다 한 대씩 가지고 있는 필수품이 되었죠.

자동차 산업의 발전은 자동차를 만드는 데 필요한 철강, 유리, 고무, 알루미늄 등 관련 산업의 성장을 이끌었어요. 또 자동차 연료로 사용되는 석유 산업과 자동차가 달릴 도로와 다리 등을 만드는 건설 산업의 발전에도 큰 영향을 미쳤답니다.

곧 자동차 이외의 분야에도 대량 생산 시스템이 갖춰지면서 공장에서는 엄청나게 많은 물건이 끊임없이 쏟아져 나왔어요. 도시 곳곳에 전기가 공급되면서 냉장고, 세탁기, 청소기, 라디오 등 가전제품의 수요도 폭발적으로 증가했어요.

당시 미국에서는 고가의 물건을 많이 팔기 위해 만든 제도도 있었답니다. 여기서 퀴즈!

 미국인들의 소비를 부추기는 데 결정적인 역할을 했던 이 제도는 무엇일까요?

 1+1 제도 아닐까? 마트나 편의점에 가면 1+1 제품은 꼭 사게 되잖아. 하나를 사면 하나 더 주는데 마다할 사람은 없지!

자동차 같은 걸 1+1? 말도 안 돼. 자기가 갖고 있는 고가의 물건을 가져가서 다른 물건이랑 바꿀 수 있게 해 주는 제도?

그건 그냥 중고 거래 같은데? 쓰던 물건을 사고파는 거잖아. 소비를 부추기는 게 아니지.

힌트를 하나 줄게요. 물건값을 지불하는 방법과 관련이 있습니다.

내 생각에는 할부 제도 같아. 엄마 아빠가 비싼 물건 살 때, 가게에서 '할부'로 결제할 거냐고 묻는 걸 봤거든.

정답! 당시 미국에서는 대량 생산된 고가의 물건을 팔기 위해 할부 제도를 도입했어요. 백화점이나 주유소에서는 지금의 신용 카드와 비슷한 후불 카드를 발급했는데요. 소비자들은 이 카드를 이용해 물건을 외상으로 구입한 다음, 월말에 돈이 들어오면 한꺼번에 갚는 방식으로 물건을 샀어요. 할부 제도를 이용해 당장 돈이 없어도 얼마든지 비싼 물건을 살 수 있도록 유도한 거예요.

"차를 사는 가장 쉬운 방법! 주 단위로 끊어서 계산하세요!"
"오늘 사고 나중에 갚으세요!"

그 당시 유행했던 광고 문구를 보면 기업들이 사람들의 소비를 부추기기 위해 얼마나 노력했는지 알 수 있어요. 1920년대 노동자의 평균 월급이 80달러 정도였는데, 한 벌에 300달러가 넘는 털 코트가 유행했어요. 당시 분위기가 어땠는지 짐작할 수 있겠죠? 그야말로 '소비의 시대'라고 해도 틀린 말이 아니었죠.

미국의 1920년대는 문화적으로도 큰 변화가 있었던 시기예요. 라디오가 집집마다 놓이면서 대중음악과 연속극, 토크쇼, 스포츠 중계가 유행했고, 영화 산업도 본격적으로 발전하기

시작했죠. 라디오를 틀면 당시를 대표하던 재즈 음악이 흘러나왔고, 술집에서는 날마다 시끌벅적한 파티가 열렸어요. 거리에는 멋진 모자를 쓰고 잘 차려입은 사람들이 많이 거닐었어요. 사람들은 이런 분위기가 영원히 이어질 거라고 생각했답니다.

돈과 물건이 넘쳐나던 광란의 시대에 돈만 있으면 모든 게 해결된다는 생각이 사람들 사이에 퍼져 나갔어요. 근면성실하면 누구나 성공할 수 있다는 '아메리칸드림'이 물질 만능 주의와 소비주의로 변한 거예요.

초심을 잃으면 문제가 생기는데, 어째 좀 불안해.

소비를 끝없이 부추기는 사회 분위기와 사치와 향락에 빠진 사람들, 그리고 판단력을 흐리는 대책 없는 낙관주의는 미국 사회를 서서히 좀먹고 있었어요. 그리고 경고 신호는 주식 시장에서부터 조금씩 들려오기 시작했어요. 하지만 사람들의 귀에는 경고 신호가 들리지 않았죠.

주식 투기 열풍

"나는 우리나라의 미래에 대해 두려움이 전혀 없습니다. 오직 희망에 찬 밝은 미래만 있을 뿐입니다!"

1929년 3월, 미국의 31대 대통령으로 당선된 허버트 후버가 취임 연설에서 한 말이에요. 이 말은 당시 미국 사회의 분위기를 그대로 보여 줘요. 앞에서 이야기한 것처럼 미국인들은 1920년대의 번영이 영원히 이어질 거라고 생각했어요. 실제로 수치가 그렇게 말하고 있었지요. 1920년에서 1929년 사이에 미국 경제는 42퍼센트나 성장했고, 노동자들의 평균 소득도 1,500달러까지 올랐거든요.

　월스트리트의 주식 시장은 이런 경제 호황을 뒷받침했어요. 당시 주식 시장의 상승세는 어마어마했어요. 자고 일어나면 주식이 오르니까 주식 투자로 떼돈을 벌었다는 소식이 여기저기서 들려왔어요. 그러자 사람들은 너도나도 주식 시장에 뛰어들었죠. 은행은 이들에게 특별히 더 많은 돈을 빌려주기도 했어요. 주식에 투자한다고 하면, 가진 돈의 열 배까지도 빌려줬어요.

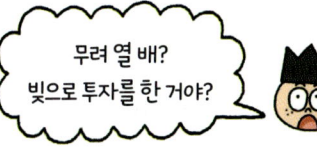

　전문가의 전망은 주식 투자 열풍을 더욱 부채질했어요. 당시 미국 최고의 경제학자였던 어빙 피셔는 이렇게 말했어요.

　"주가는 영원히 떨어지지 않는 고점에 도달했다."

　이제 주식은 절대 떨어질 일도 없고 계속 높은 수준에 머물러 있을 거라는 뜻이에요. 실제로 당시 주가 지수는 뉴욕의 고층 건물처럼 하늘을 찌를 듯 치솟았고, 연일 신기록을 경신했어요. 그러자 사람들은 월급의 일부를 주식에 투자하는 수준을 넘어 전 재산을 탈탈 털어 주식 시장에 쏟아부었어요. 투자가 아니라 투기가 된 거예요.

물론 이런 상황을 불안하게 보는 사람도 있었어요. 기업의 주가가 실제 가치보다 훨씬 높아지는 거품 현상이 나타나기 시작하면서, 공포스러운 붕괴가 다가오고 있다고 말하는 전문가도 있었지요. 하지만 이런 경고에도 불구하고 전국적으로 불어닥친 주식 투기 열풍은 조금도 수그러들지 않았답니다. 그리고 마침내 우려하던 일이 일어나고 말았어요.

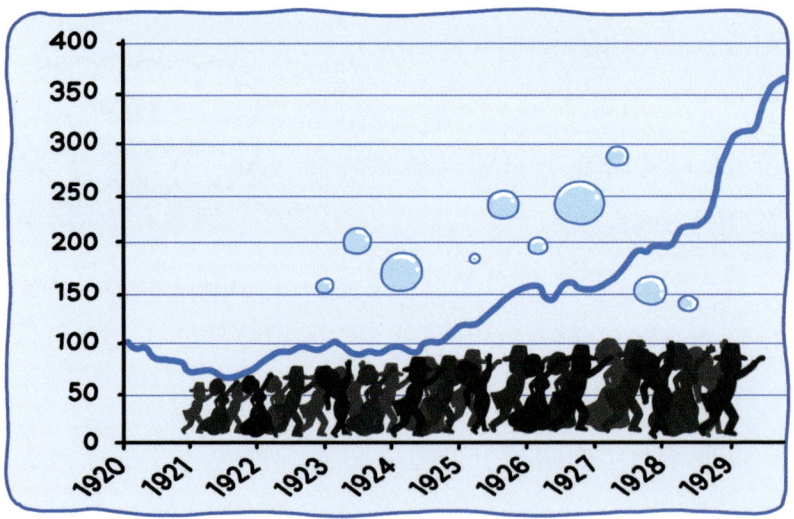
↑ 1920년대 다우존스 지수 상승과 주식 광풍

검은 목요일 사태

1929년 10월 24일 목요일 아침, 주식 시장이 열리자마자 뉴욕 월스트리트의 증권 거래소는 대혼란에 빠졌어요. 주식을 팔려는 사람들이 모두 증권 거래소로 몰려들었죠. 전날 몇몇 잘나가던 회사들의 주가가 떨어지면서 뒤숭숭했던 분위기가 있었는데, 밤사이 주가가 더 떨어질 거라는 불안감이 쫙 퍼졌던 거예요.

주식을 팔겠다는 사람들은 순식간에 늘어났고 주가는 무섭게 떨어졌어요. 이날 하루에 거래된 주식만 1,290만 주였고, 주가 지수는 전날에 비해 20퍼센트 이상 크게 떨어졌어요. 이렇게 주가가 대폭락한 이날을 '검은 목요일'이라 불렀답니다.

주식 시장은 금요일에 잠시 안정되는가 싶더니 주말이 지나고 월요일이 되자 또다시 폭

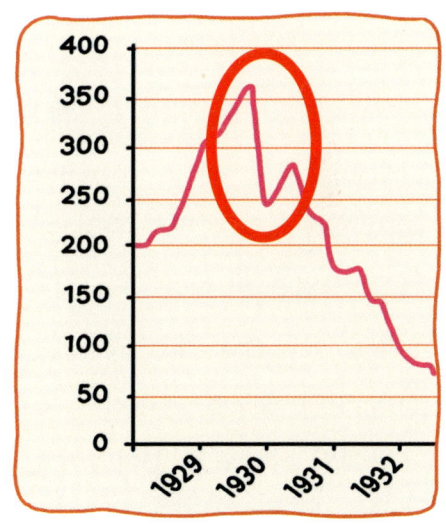

'검은 목요일' 이후 다우존스 지수 폭락 ↑

↑ 주가 폭락 후
월스트리트로 몰려든 사람들

락했어요. 주말 동안 신문을 보고 뒤늦게 검은 목요일 사태를 알게 된 사람들이 월요일이 되자마자 주식을 팔기 시작한 거예요. 월요일에는 주가가 13퍼센트 떨어졌고 화요일에는 12퍼센트가 더 떨어졌어요. 단 며칠 사이에 주가가 반토막이 난 거예요! 주식 시장에서 수십억 달러가 순식간에 증발해 버렸고, 사람들이 산 주식은 휴지 조각이 되어 버렸어요. 미국의 경제 대공황은 이렇게 시작됐죠.

검은 목요일 사태는 왜 일어난 걸까요? 여러 의견이 있지만 첫 번째는 과잉 설비와 과잉 생산 때문이라고 보는 사람이 많아요. 기업은 더 많은 돈을 벌기 위해 더 많은 공장을 지었고 끊임없이 물건을 찍어 냈어요. 생산은 늘어났지만 소비는 생산의 양과 속도를 따라가지 못했어요. 노동자들의 구매력은 초반에만 반짝했을 뿐이었어요. 팔리지 않은 물건은 창고에 쌓였고, 공장은 문을 닫기 시작했어요. 회사가 망하자 사람들은 일자리를 잃었고, 돈이 없으니 물건은 더욱 안 팔렸죠. 이런 악순환이 불황으로 이어져 주가가 폭락했다는 거예요.

두 번째는 지나친 주식 투자 열풍 때문이라고 보고 있어요. 사람들은 주식 투자를 하면 무조건 돈을 벌 수 있다고 믿었어요. 전 재산을 투자하거나 은행에서 빚을 내 투자하는 경우도 많았죠. 이렇게 과도하게 많은 자금이 주식 시장으로 몰리다 보니 주가가 회사의 실제 가치보다 두세 배 이상 높아지는 현상이 발생했답니다. 한마디로 거품이 낀 거예요. 그러다 거품이 꺼지자 연쇄적으로 반응을 일으켜 검은 목요일 사태가 발생한 거예요.

가난과 빈곤의 시대, 경제 대공황

경제 대공황이 시작된 후 미국은 혼돈 그 자체였어요. 한번 떨어지기 시작한 주가는 이후에도 계속 떨어져 1932년 7월까지 시가 총액의 90퍼센트가 증발했어요. '주가는 영원히 떨어지지 않을 것'이라고 말했던 경제학자는 어떻게 됐을까요? 그 역시 이 시기에 거의 모든 재산을 잃었다고 해요.

주식 시장이 크게 흔들리자 기업들은 엄청난 타격을 입었어요. 은행에서 빌린 돈을 갚지 못해 파산하는 기업이 속출했죠. 검은 목요일 사태 이후 불과 몇 개월 만에 무려 수만 개의 회사가 문을 닫았어요. 파산한 회사에 돈을 빌려준 은행들도 돈을 돌려받지 못해 역시 파산했어요. 이 무렵 미국 은행의 3분의 1에 해당하는 약 9,000여 개의 은행이 문을 닫았다고 해요.

기업과 은행이 연이어 파산하자 노동자들은 하루아침에 실업자가 되었답니다. 대공황 시기인 1933년 미국의 실업자는 1,300만 명으로 집계됐는데, 이는 미국 국민 네 명 중 한 명에 해당하는 엄청난 수였어요. 1997년 우리나라의 외환 위기 때 최고 실업률이 7퍼센트 정도였으니 대공황 당시 상황이 얼마나 공포스러웠을지 짐작이 가죠?

주식 시장 붕괴로 전 재산을 잃거나 갑작스럽게 실업자가 된 사람들은 길거리를 전전했어요. 거리에는 일자리를 구하기 위해 목에 이력서를 걸고 다닌 사람들도 많았고, 말끔하게 양복을 차려입은 사람들도 당장 끼니 걱정을 하는 처지가 되었답니다.

"돈이 없어서 한 끼 먹기도 힘들어. 어디 일자리 없나?"

"난 어제부터 아무것도 못 먹었어. 상황이 이렇게 됐는데 대체 정부는 뭐 하는 거야!"

무료 급식소에 줄을 선 실업자들 ↑

　상황이 심각해지자 몇몇 자선 단체와 부유한 사업가들은 무료 급식소를 열어 빵과 커피를 나눠 줬어요. 어느 도시에서나 빵을 받기 위해 줄을 길게 늘어선 사람들을 볼 수 있었죠. '광란의 시대' 속 풍요를 누리던 미국인들에게 대공황은 재난이나 다름없었어요.

목에다 이력서? 진짜 일자리 구하기 힘들었나 봐.

사람들은 어떻게든 위기를 극복하기 위해 안간힘을 썼어요. 하지만 개인이 할 수 있는 건 그렇게 많지 않았어요. 아주 소수의 상류층이 전체 소득의 3분의 1을 차지하는 계층 간의 소득 불평등 문제, 호황기에 더 심해진 빈부 격차 문제, 수요와 공급의 불균형 문제 등은 몇몇이 나선다고 해서 해결할 수 있는 문제가 아니었거든요.

호황에 가려져 있던 미국 자본주의의 문제점이 대공황을 계기로 하나둘 드러나기 시작하자 미국 경제는 속절없이 무너졌어요. 광란의 시대는 순식간에 가난과 빈곤의 시대로 바뀌게 되었답니다.

 5장

뉴딜 정책과 대공황 극복

우아, 지평선이다.

끝이 안 보여! 여긴 어디야?

미국 중부에 있는 '미국 대평원'이에요.

이번엔 도시에서 벗어나 미국의 중부 지역으로 와 봤습니다. 끝없이 펼쳐진 평원을 보니까 가슴이 뻥 뚫리는 것 같죠? 여기는 북아메리카 대륙 중앙에 남북으로 길게 뻗어 있는 '미국 대평원'이라고 불리는 지역입니다. 텍사스, 캔자스, 네브래스카, 노스다코타, 콜로라도, 오클라호마 등 미국 국토의 3분의 1에 걸쳐 있는 거대한 평원이죠.

미국 대평원은 땅이 비옥하고 수자원이 풍부해 세계적인 곡창 지대로 유명해요. 밀, 옥수수, 목화 등의 작물을 대규모로 경작하는데, 워낙 땅이 넓어 씨를 뿌리고 돌아오면서 추수한다는 말까지 있을 정도죠. 뿐만 아니라 석유, 천연가스, 석탄 등 지하자원도 풍부하답니다. 그야말로 '축복받은 땅'이라고 할 만하죠.

미국 대평원의 면적 ↓

대공황의 불황이 도시를 집어삼키고 있을 무렵, 이렇게 평화롭고 아름다워 보이는 대평원에도 무시무시한 '검은 재앙'이 찾아들었답니다. 한없이 평화로워 보이는 이곳에서 대체 무슨 일이 있었던 걸까요?

미국을 집어삼킨 검은 폭풍

경제 대공황이 미국을 휩쓸기 전, 미국이 제1차 세계 대전의 특수를 마음껏 누렸다는 이야기 기억하죠? 이때 호황을 누린 건 미국의 제조업뿐만이 아니었어요. 농업 역시 엄청난 호황을 누렸답니다. 제1차 세계 대전이 발발하자 세계적으로 농작물 가격이 가파르게 오르기 시작했거든요.

농민들은 농작물을 더 많이 팔기 위해 경작지를 늘려 갔어요. 특히 '축복받은 땅'인 미국 중부 대평원의 무성한 풀들을 모조리 갈아엎고, 농작물을 대량으로 생산하기 시작했지요. 농민들은 제1차 세계 대전 동안 농작물을 팔아 쏠쏠하게 돈을 벌었답니다.

그런데 전쟁이 끝나자 상황이 달라졌어요. 전쟁 중에 각국이 식량을 확보하기 위해 농업 생산량을 경쟁적으로 늘린 것이 과잉 생산으로 이어져 곡물 가격이 폭락한 거예요. 농민들은 떨어지는 농산물 가격을 보며 한숨을 푹푹 내쉴 수밖에 없었답니다.

"사룟값이 없어서 가축을 죽이는 농부들도 있어. 이러다 사람도 굶어 죽겠어."

"옥수숫값이 너무 떨어져서 옥수수를 땔감으로 사용하는 사람도 있다니까?"

농민들은 길거리에 채소와 우유를 던지며 울분을 토했지만, 이들에게 관심을 가지는 사람은 별로 없었어요. 눈부신 경제 성장과 산업화 과정 속에서 농민들은 철저히 소외되고 있었죠. 이런 상황에서 대공황까지 발생하자 농민들의 삶은 더욱 힘들어졌어요. 하지만 진짜 재앙은 지금부터였어요. 1930년대 초 '더스트볼'이라는 엄청난 자연재해가 미국 대평원을 강타한 거예요.

더스트볼은 1930년대 미국 남부 평원 지역에 막대한 피해를 준 먼지 폭풍을 말해요. 강력한 먼지 폭풍이 불 때면 한낮에도 칠흑같이 어두워졌어요. 또 엄청난 양의 모래가 쌓여 지붕이

↑ 텍사스주의 마을을 덮친 먼지 폭풍

무너지고 집과 농기계가 파묻힐 정도였어요. 겨울에는 모래가 섞인 붉은 눈이 내리기도 했어요. 최대 3킬로미터까지 치솟는 먼지 폭풍은 바람을 타고 3,000킬로미터 넘게 이어져 미국 동부 해안의 워싱턴과 뉴욕까지 피해를 주기도 했어요.

토네이도보다 무서운 것 같은데?

먼지 폭풍이 한번 지나가면 그 지역은 말 그대로 초토화되었어요. 비옥했던 땅은 한순간에 사막처럼 변했고 가축들은 질식사했어요. 특히 텍사스와 오클라호마 지역의 피해가 컸는데, 그 면적이 무려 한반도 면적의 두 배나 됐답니다. 축복의 땅이 한순간에 죽음의 땅으로 변해 버린 거예요!

더스트볼은 왜 대평원에 불어닥쳤고, 대평원은 왜 죽음의 땅으로 바뀌었을까요? 농민들은 경작지를 늘리기 위해 대평원의 드넓은 초지를 뒤덮고 있는 거칠고 질긴 야생풀을 트랙터로 뿌리째 갈아엎었어요. 이렇게 개간한 농지에 농작물을 심어 키웠죠. 농부들은 땅이 쉴 수 있는 시간을 두지도 않고 공장에서 물건을 찍어 내듯 땅을 갈아엎어 농사를 지었어요. 하지만 시간이 지나자 대평원의 풍경은 조금씩 달라지기 시작했어요. 그 변화는 예사롭지 않았죠.

아무 쓸모 없어 보였던 야생풀의 억센 뿌리는 사실 흙을 단단히 고정시켜 빗물에 의한 토양 침식을 막고 수분을 저장하는 역할을 하고 있었어요. 이런  야생풀이 사라지자 땅은 점점 힘을 잃어 갔지요. 작물들이 옆으로 쓰러지기 시작했고 땅은 쉽게 침식되어 흙먼지가 풀풀 일어났어요. 그리고 1930년대 극심한 가뭄까지 겹치자 대평원은 급속도로 사막화가 진행되어 심각한 먼지 폭풍이 발생하게 된 거예요.

6년 넘게 지속된 더스트볼로 인해 미국의 농촌은 빠른 속도로 황폐해졌어요. 농부들은 하나둘 대평원을 떠나기 시작했답니다. 더스트볼이 대평원을 휩쓸던 시기에 무려 250만 명이나

↑ 트럭에 짐을 싣고 떠나는 사람들

되는 사람이 쫓겨나듯 중부를 떠났어요. 그들은 살기 위해서 온 가족과 함께 차 한 대에 짐을 싣고 서부로 향했어요. 하지만 새로 이주한 곳에서도 사정은 크게 달라지지 않았어요. 이미 미국은 대공황의 수렁에 빠져 있던 시기였기 때문에 어딜 가도 실업자는 넘쳐났고 일자리를 찾기란 하늘의 별 따기만큼이나 어려웠어요. 고향을 떠나온 사람들은 낯선 곳에서 더욱더 고통을 받았답니다.

루스벨트가 꺼낸 카드, 뉴딜 정책

1929년에 시작된 대공황과 미국 대평원을 휩쓴 더스트 볼의 영향으로 미국인들의 불만은 극에 달했어요. 미국의 대통령 후버는 사실 대공황 직후에도 별다른 대책을 내어놓지 않았어요. 정부가 경제를 간섭해서는 안 된다는 신념은 여전했고,

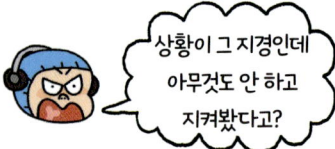

상황이 그 지경인데 아무것도 안 하고 지켜봤다고?

시간이 지나면 경제는 알아서 회복될 거라고 믿었거든요. 하지만 1933년까지도 경제는 나아질 기미를 보이지 않았어요.

"다 굶어 죽게 생겼는데 정부는 도대체 뭐 하는 거야!"

"손 놓고 있지 말고 무슨 대책이라도 좀 내놓으라고!"

미국 사회는 분노와 절망, 좌절감에 휩싸였어요. 실업자가 된 가난한 노동자들과 삶의 터전을 잃은 농민들은 날마다 일자리를 요구하며 시위했고 곳곳에서 충돌이 발생했어요. 모두가 자신의 이익을 추구할 때 사회는 발전한다는 믿음은 산산조각이 나 버렸어요. 이런 절망적인 분위기 속에서 1932년 대통령 선거가 치러졌지요. 이때 등장한 인물이 바로 프랭클린 루스벨트예요.

루스벨트는 경제를 살리기 위해 국가가 적극적으로 나서야 한다고 주장했어요. 그는 공공사업을 통해 정부가 적극적으로 일자리를 마련하고 독점적인 기업 활동을 규제하는 것은 물론, 노동자의 권리도 보장하겠다고 약속했어요. 또 식량의 무분별한 과잉 생산을 막아 농민들의 소득을 보전하는 공약도 발표했어요. 이것이 국가가 주도하는 대공황 극복 계획인 '뉴딜 정책'이에요.

뉴딜은 카드 게임에서 쓰는 말로 '카드를 새로 돌린다'는 뜻이에요. 그러니까 뉴딜 정책은 대공황을 극복하기 위해 지금까지와는 완전히 다른 '새로운 정책을 실시한다', '새로운 처방을 내린다'는 의미예요. 대공황으로 고통받고 있는 국민들은 루스벨트의 뉴딜 정책에 희망을 걸었어요. 결국 루스벨트는 압도적인 지지를 받아 미국의 32대 대통령으로 당선되었지요. 루스벨트는 대통령 취임사에서 이렇게 말했어요.

"우리가 두려워해야 할 것은 바로 두려움 자체일 뿐입니다."

루스벨트는 대공황을 극복하기 위한 정부의 역할을 강조하는 한편 이렇게 국민들에게 희망과 용기를 주고 정부에 대한 국민들의 신뢰를 회복하기 위해 노력했어요.

루스벨트는 대통령이 되자마자 후보 시절에 약속했던 뉴딜 정책을 하나하나 실행에 옮겨 나갔어요. 물가를 안정시키기 위해 공산품과 농산품 생산을 제한했어요, 대규모 공공사업을 벌여 일자리도 많이 만들었죠. 또 루즈벨트는 은행 개혁도 실시했는데요. 여기서 문제!

Q 루스벨트 대통령은 이것을 선포하며 은행 개혁을 시작했어요. 이것은 무엇일까요?

주식 투기 열풍이 불 때 은행에서 사람들에게 돈을 마구 빌려줬잖아. 대출 금지를 선포한 거 아닐까?

퀴즈가 좀 어렵나요? 힌트 줄게요. 경제 상황이 악화되면 사람들이 불안한 마음에 은행에 맡긴 돈을 너도나도 빼려고 해요. 하지만 그러면 경제 상황이 더 안 좋아지겠죠? 이런 걸 막기 위해 실시한 정책이에요.

출금을 못하게 하는 쉽고 간단한 방법이 있죠. 은행 문을 닫으면 되잖아요.

정답! 정확히 말하면 '은행 휴일'을 선포한 겁니다. 예금자의 마구잡이식 출금을 막기 위해 일정 기간 은행 문을 닫게 했어요. 은행이 예금자의 신뢰를 얻을 때까지 시간을 버는 거예요. 은행 폐쇄라고 하면 사람들이 불안해할 수 있으니 '은행 휴일'이라고 돌려 표현했죠.

일자리 만들기 프로젝트

자, 그러면 이제부터 루스벨트가 뉴딜 정책을 통해 구체적으로 어떤 대규모 공공사업을 진행했는지 한번 살펴볼까요? 우선 가장 유명한 공공사업이 테네시강 유역 개발 사업이었어요. 루스벨트는 '테네시강 유역 개발 공사'를 설립해 농업이 주요 산업인 미국 동남부 7개 주에 총 26개의 다목적 댐을 건설하는 엄청난 규모의 공공 건설 사업을 진행했답니다.

이 사업으로 상대적으로 낙후된 지역엔 전력이 공급됐고 강물이 범람해 홍수 피해가 발생하는 것도 막았어요. 댐이 완성

↑ 테네시강 유역 개발 사업의 댐 건설 노동자들

되자 농업 생산량이 향상됐고 지역 경제도 서서히 살아나기 시작했어요. 물론 이 엄청난 건설 사업을 진행하는 동안 어마어마한 규모의 일자리까지 생겼지요. 테네시강 유역 개발 사업은 뉴딜 정책의 근간을 이루는 중요한 공공사업이었어요.

사람들에게 일자리를 준 건 댐 건설뿐이 아니었어요. 나무도 일자리를 만들어 줬어요. 루스벨트는 'CCC'라 불리는 민간 자원 보존단을 만들었어요. 민간 자원 보존단은 숲을 조성하고 천연자원을 보호하는 다양한 일을 했는데, 여기에 약 200만 명의 청년들을 투입해서 9년 동안 3억 그루 이상의 나무를 심었어요. 이는 현대 미국의 국립공원 시스템의 기초를 형성하는 데 큰 기여를 했어요.

흥미로운 건 민간 자원 보존단에서 일하는 청년들은 한 달에 30달러를 벌었는데, 이 중에서 25달러는 반드시 가족에게 보내야 했다는 거예요. 덕분에 청년들은 국가 발전에 이바지했다는 자부심과 함께 사랑하는 가족에게 도움을 주었다는 뿌듯함도 느낄 수 있었다고 해요. 이처럼 루스벨트가 시행한 정책은 청년들에게 일자리를 제공하는 동시에 그들이 미국 국민의 일원으로 자부심을 가질 수 있도록 했답니다.

↑ 공공사업 진흥국에 고용된 화가가 그린 공공 벽화

　1935년, 루스벨트 정부는 2차 뉴딜 정책을 펼쳤는데요. 2차 뉴딜 정책의 핵심 사업이 바로 '공공사업 진흥국'을 설치해 연방 정부의 자금으로 더욱 다양한 일자리를 만드는 거였어요. 공공사업 진흥국은 지방 정부와 협력해 학교와 병원, 다리, 비행장 등을 건설했어요.

　또 작가, 화가, 음악가, 배우 등 예술가들에게도 지원을 아끼지 않았어요. 정부에서 운영하는 다양한 사업부에서 이들을 직접 고용했지요. 당시 공공사업 진흥국의 지원으로 일자리를 얻은 사람은 무려 850만 명이 넘었다고 해요.

공공사업 진흥국이 고용한 작가들은 당시 미국 48개 주의 역사와 유적지, 문화, 예술 등을 소개하는 다양한 안내 책자를 제작했어요. 화가들은 공공 빌딩과 벽에 그림을 그렸고, 극장에 걸릴 포스터를 만드는 작업도 했어요. 음악가와 배우들은 정부가 지원하는 다양한 예술 단체에 소속되어 수많은 음악회와 연극을 무대에 올렸답니다.

뉴딜 정책의 지원으로 당시 뉴욕의 극장에서는 놀랍게도 100퍼센트 흑인 배우들로만 이뤄진 셰익스피어의 〈맥베스〉가 공연되기도 했어요. 당시는 인종 차별이 극심한 시기였는데,

이런 공연이 가능했던 이유는 뉴딜 정책이 대공황 사태 해결과 더불어 소외된 국민들이 자국에 대한 긍지와 애정을 갖게 하는 데 초점을 두었기 때문이에요.

뉴딜 정책 덕분에 실업률은 많이 줄었고, 걷잡을 수 없이 무너지던 미국 경제도 조금씩 회복되기 시작했어요. 하지만 이런 다양한 뉴딜 정책으로도 대공황을 완전히 극복하기는 역부족이었답니다. 대공황의 늪은 그만큼 깊었어요.

신뢰와 자부심으로 극복한 대공황

뉴딜 정책을 통해 처음 몇 년간 수많은 사업이 진행됐고 그에 따른 성과도 분명히 있었어요. 초기에는 실업률을 낮추는 데 성공했죠. 하지만 1930년대 말이 되자 또다시 위기가 찾아왔어요. 물가가 상승했고 실업자도 늘어나기 시작했어요. 여러 공공사업을 추진하느라 나랏빚도 꽤 늘어났죠.

그래서 미국이 대공황을 이겨 낼 수 있었던 건 뉴딜 정책이 아니라 제2차 세계 대전 때문이라고 주장하는 사람도 있어요. 1941년 미국이 세계 대전에 참전하면서 전쟁 특수를 누렸고 이를 통해 대공황을 극복했다는 거죠. 물론 이런 주장도 완전히 틀린 이야기는 아니지만, 이건 뉴딜 정책의 성과를 지나치

게 과소평가한 거예요.

　뉴딜 정책에는 단순히 수치로만 판단할 수 없는 긍정적인 효과가 있었어요. 대공황으로 분노와 절망에 빠져 있던 사람들은 뉴딜 정책을 통해 다시 일어설 수 있다는 희망과 용기를 갖게 되었거든요. 19세기 말부터 미국 사회 전반에 퍼져 있던 물질 만능 주의에서 벗어나고, 소외된 계층을 끌어안아 미국 국민의 한 사람으로서 자부심을 느끼게 했다는 점은 뉴딜 정책의 중요한 성과였죠.

　이처럼 미국이 경제 대공황을 극복하고 다시 세계 최강국으로 일어설 수 있었던 건 미국 사회 전반에 퍼져 있던 분노와 절망을 걷어 내고 바닥까지 떨어진 신뢰와 자신감을 회복하기 위한 노력 덕분이었을 거예요. 루스벨트의 뉴딜 정책은 단순히 경제 위기만을 극복하기 위한 정책이 아니었다는 점에서 후대에 높이 평가되는 것이랍니다.

에필로그

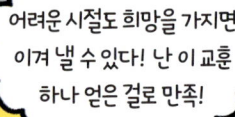

"교수님, 이번 여행은 진짜 숨가빴어요. 미국의 탄생부터 남북 전쟁, 경제 대공황과 뉴딜 정책까지! 마치 일요일 오전에 축구를 두 경기 연속으로 뛴 것 같아요."

공차연의 말에 강하군이 웃으며 이렇게 덧붙였어요.

"미국 역사는 다른 나라보다 짧은데, 많은 일이 있었네."

"그런데 미국은 위기 때마다 영웅이 등장한 것 같지 않아?"

왕봉구를 흐뭇하게 바라보던 김미국 교수가 말했어요.

"그렇죠. 남북 전쟁 직전에 링컨이 그랬고, 경제 대공황 시기엔 루스벨트가 그랬죠. 하지만 미국이 여러 차례 위기를 벗어날 수 있었던 진짜 이유는 어려운 시기를 이겨 내기 위해 노력한 국민들이 있었기 때문이에요."

타일러가 손을 번쩍 들고 이렇게 말했답니다.

"저는 링컨도 링컨이지만 낸시와 드레드 스콧처럼 혐오와 차별에 맞서 당당하게 싸운 사람도 정말 대단한 것 같아요. 그 시대에 용기를 낸다는 건 정말 쉬운 일이 아니었잖아요."

"타일러가 잘 이해했군요. 자신이 지켜야 할 가치에 소신을 갖는 자세도 본받아야 하지요."

그때 옆에서 유튜브 방송 반응을 살피던 왕봉구가 갑자기 자리에서 일어서며 이렇게 말했어요.

"잠깐! 내가 하는 유튜브 채널 구독자로부터 깜짝 질문 하나가 들어왔는데, 타일러는 링컨이 좋아, 루스벨트가 좋아?"

"야, 그건 '엄마가 좋아, 아빠가 좋아?' 같은 질문 아냐?"

강하군의 말에 아이들과 교수님이 웃음을 터뜨렸답니다. 이제 세계사 여행을 마칠 때가 되었어요. 다음 여행지에서는 또 어떤 흥미진진한 이야기가 기다리고 있을까요? 타일러와 아이들은 다시 만날 것을 약속하며 헤어졌답니다.

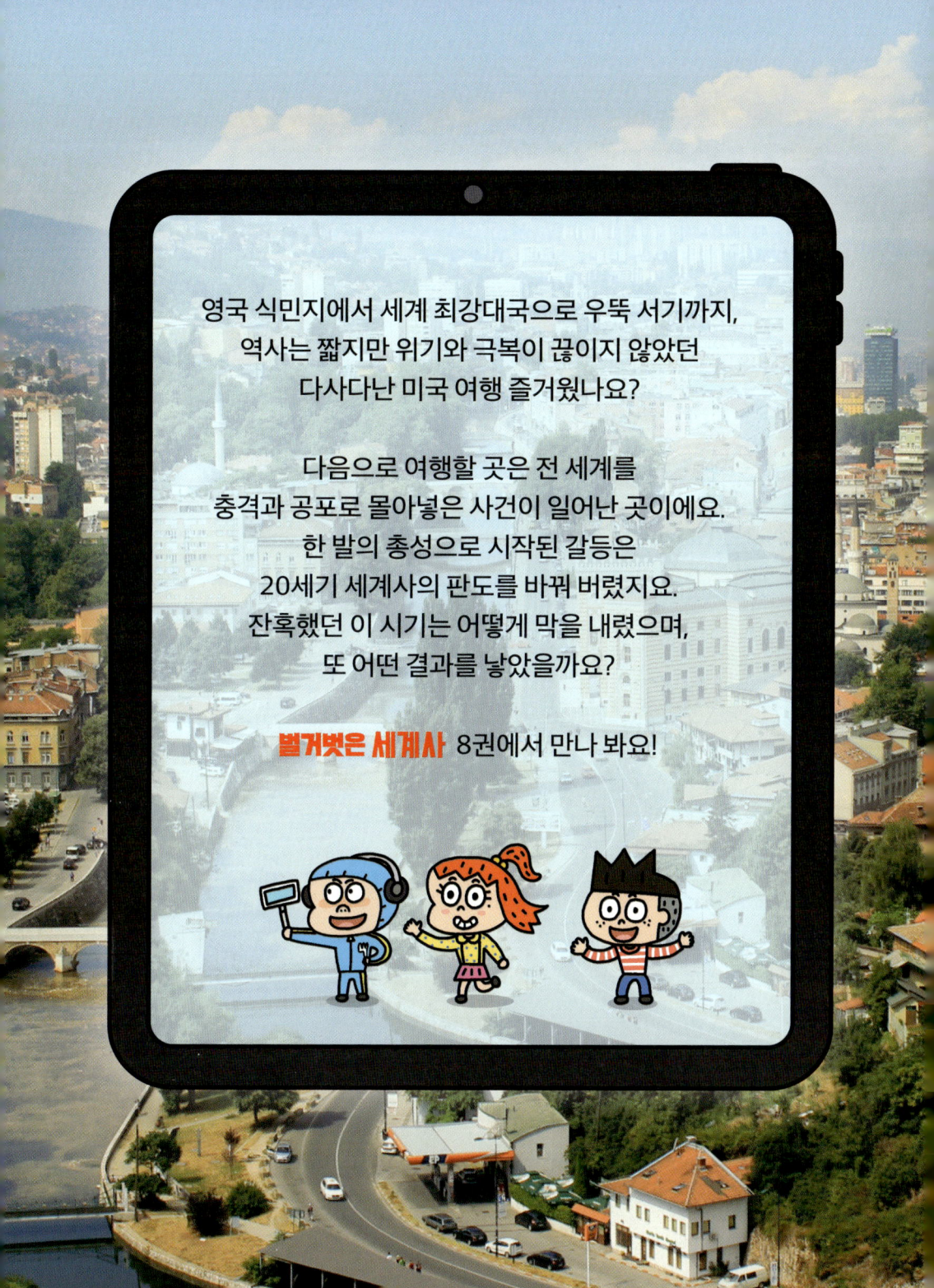

영국 식민지에서 세계 최강대국으로 우뚝 서기까지,
역사는 짧지만 위기와 극복이 끊이지 않았던
다사다난 미국 여행 즐거웠나요?

다음으로 여행할 곳은 전 세계를
충격과 공포로 몰아넣은 사건이 일어난 곳이에요.
한 발의 총성으로 시작된 갈등은
20세기 세계사의 판도를 바꿔 버렸지요.
잔혹했던 이 시기는 어떻게 막을 내렸으며,
또 어떤 결과를 낳았을까요?

벌거벗은 세계사 8권에서 만나 봐요!

흑인 인권 운동의 역사

흑인들은 미국 탄생 후 오랫동안 백인들과 동등한 대우를 받지 못했어요. 인간으로서 마땅히 누려야 할 권리를 찾기 위한 투쟁은 무려 100여 년간 이어졌답니다. 차별에 맞선 흑인 인권 운동의 역사를 알아볼까요?

백인과 흑인을 분리한 짐 크로법

↑ 유색 인종만 사용했던 식수대

남북 전쟁에서 북부가 승리하면서 흑인 노예 제도가 폐지되었지만, 남부는 '짐 크로법'이라는 법을 만들어 백인과 흑인을 분리하고 차별했어요. 짐 크로법에 따르면, 흑인은 공립 학교, 식당·화장실·식수대 같은 공공시설, 극장 같은 공공장소, 대중교통 등을 백인과 함께 이용할 수 없었어요. 흑인을 일상생활에서 격리할 목적으로 만든 법이었던 거예요.

최초의 흑인 인권 운동, 몽고메리 버스 승차 거부 운동

1955년 12월 1일 앨라배마주 몽고메리에서 로사 파크스라는 흑인 여성이 버스에서 백인에게 자리를 양보하지 않았다는 이유로 체포되었어요. 이 사

History information

건이 알려지자 흑인 인권 단체를 중심으로 몽고메리에서 버스 승차 거부 운동이 시작되었어요. 이 승차 거부 운동은 곧 전국으로 퍼졌고, 11개월이나 이어졌어요. 결국 1956년 버스 내 인종 분리는 위헌이라는 판결을 얻어 냈지요. 몽고메리 버스 승차 거부 운동은 흑인에 대한 차별에 대항하고 인권을 보장받기 위한 운동의 시초로 기록됐답니다.

로사 파크스가 탔던 몽고메리 버스 ↑

흑인 인권 운동의 지도자, 마틴 루서 킹

마틴 루서 킹은 몽고메리 버스 승차 거부 운동을 이끌며 흑인 인권 운동의 지도자로 떠올랐어요. 그는 1963년 워싱턴에서 열린 최대 규모의 흑인 시위에서 〈나에게는 꿈이 있습니다〉라는 제목의 연설을 통해 인종이나 피부색, 출신 지역에 따른 차별이 없는 세상을 만들자고 호소했어요. 이 연설에 많은 사람이 공감했고 결국 위대한 승리로 이어졌어요. 1964년 공공장소에서 인종 차별을 금지하는 법이 만들어졌지요. 흑인의 인권을 위해 헌신한 마틴 루서 킹은 1964년에 노벨 평화상을 받았어요.

마틴 루서 킹 →

History Airline
역사 정보 ❷ 인물 다르게 보기

미국인이 존경하는 대통령, 링컨과 루스벨트

링컨은 노예 해방을 선언하고 미국을 통합했으며, 루스벨트는 대공황의 늪에서 미국을 구해 내 많은 미국인이 존경해요. 하지만 이들을 다른 시각으로 바라보는 사람들도 있어요. 어떤 시각인지 살펴볼까요?

링컨은 인종 차별주의자?

노예를 해방한 정치가로 손꼽히는 링컨이 사실은 인종 차별주의자였다는 주장이 있어요. 최근엔 미국에서 링컨 동상이 철거되는 일까지 있었답니다. 실제로 링컨은 인종 차별적이라고 의심받을 만한 발언을 하기도 했죠. 예를 들면, 연방 상원 의원 선거 토론에서 "나는 백인과 흑인의 사회적, 정치적 평등을 믿지 않는다."고 말했고, 대통령 취임 연설에서는 "나는 노예 제도에 간섭할 법적 권한도 없고 그럴 생각도 없다."고 말했어요. 또 남북 전쟁 당시 한 편지에는 "노예를 해방하지 않고 연방을 지킬 수 있다면 그렇게 할 것이다."라고 쓰

에이브러햄 링컨 →

History information

기도 했답니다. 하지만 링컨은 여러 연설에서 '모든 사람은 자유롭고 평등해야 한다'는 소신을 밝혔고, 실제로 노예 해방을 선언했어요. 그래서 링컨이 했던 인종 차별적인 발언들은 노예 제도 옹호론자를 자극하지 않기 위해 한 말일 거라고 생각하는 사람들이 많아요.

루스벨트는 공산주의자?

루스벨트는 1932년에 대통령으로 당선된 뒤, 경제 대공황을 극복하기 위해 '뉴딜 정책'을 펴며 공공복지 사업을 벌여 사람들에게 일자리를 제공했고, 기존의 미국 경제 제도를 과감하게 개혁했어요. 하지만 정치인들과 기업가들은 이를 달가워하지 않았어요. 이들은 루스벨트 대통령을 공산주의자라고 비난했어요. 하지만 루스벨트 대통령은 이런 비난에 휘둘리지 않았지요. 그는 자신의 정책을 이해시키기 위해 끊임없이 국민들을 설득했고, 뉴딜 정책에 힘을 모아 달라고 부탁했어요. 그의 진심 어린 호소가 국민들에게 전달되었기 때문일까요? 프랭클린 루스벨트는 미국 역사상 처음이자 마지막으로 네 번이나 대통령에 당선되었답니다. 그는 경제 대공황을 극복한 것은 물론 제2차 세계 대전 역시 승리로 이끌었어요.

프랭클린 루스벨트 →

미국의 독립과
대공황 시대의 인물

미국의 독립과 대공황 시대에는 또 어떤 인물들이 있었을까요?
역사의 중심에서 미국의 독립에 기여한 인물들과
경제 대공황 시대를 살았던 인물을 소개합니다.

최초의 미국인, 벤저민 프랭클린
(1706년~1790년)

'미국 독립의 아버지'라고 불리는 인물 중 한 명이에요. 보스턴에서 태어난 그는 특유의 성실함과 검소함을 바탕으로 빠른 시간에 출판과 인쇄업자로 성공했어요. 과학에도 관심이 많아 난로와 복초점 렌즈, 피뢰침 등을 발명하기도 했어요. 미국의 독립을 위해 13개의 식민지가 단결할 것을 주장했고, 독립 선언서 작성과 헌법 제정에도 기여했어요. 자유를 사랑하는 실용적인 정치 사상가이자 발명가, 외교관, 사업가인 그는 미국 역사상 가장 다재다능한 인물로 손꼽혀요. '최초의 미국인'이라는 별칭도 있을 만큼 미국의 역사와 정신을 상징하는 대표 인물이랍니다.

↑ 벤저민 프랭클린

History information

독립 선언문을 작성한 토머스 제퍼슨 (1743년~1826년)

20대에 버지니아 하원 의원으로 당선되어 40여 년간 정치를 했어요. 글솜씨가 뛰어나 미국 독립 선언문의 초안을 작성한 것으로 유명해요. 1800년 미국의 3대 대통령으로 당선됐고, 1803년에는 미국의 중부 지역에 해당하는 거대한 땅을 프랑스로부터 사들여 영토를 두 배로 늘렸어요. 미국 민주주의를 상징하는 인물로 손꼽혀요.

↑ 토머스 제퍼슨

미국에서 쫓겨난 영화감독, 찰리 채플린 (1889년~1977년)

영국 출신으로, 17세에 영국 최고의 인기 극단의 단원이 되었고, 이후 할리우드에 진출해 〈모던 타임스〉와 〈위대한 독재자〉 등 수십 편의 영화를 직접 만들고 출연했어요. 콧수염과 지팡이 등을 활용한 분장과 우스꽝스러운 연기로, 대공황 시대 전후에 엄청난 인기를 끌었어요. 날카로운 풍자와 사회 비판적인 내용의 영화를 주로 만들다 1952년 미국에서 추방당했어요. 1972년에야 미국으로 돌아와 아카데미 특별상을 받았어요.

↑ 찰리 채플린

History Airline
역사정보 ❹ 오늘날의 역사

미국의 오늘과 우리나라와의 관계

미국은 유럽과 아프리카, 아시아 등 세계 각지에서 온 이민자들이 모여 살고 있는 다인종, 다민족, 다문화 국가예요. 다양한 문화가 서로 섞여 독특하고 조화로운 통합을 이루고 있는 미국에 대해 조금 더 자세히 알아볼까요?

북아메리카 대륙의 캐나다와 멕시코 사이에 있는 나라로, 정식 명칭은 '아메리카 합중국'이에요. 미국을 합중국이라고 하는 이유는 하나의 작은 나라에 가까울 정도로 독자성이 강한 50개의 주가 모여 이루어졌기 때문이에요. 미국의 주는 독립된 헌법과 정부, 의회는 물론 군대까지 따로 있을 만큼 독자성이 강하지요. 연방 정부는 국방, 외교, 경제 등 국제 관계와 관련된 분야를 담당하고, 각 주 사이의 관계를 조율하는 역할을 한답니다.

세계 최강대국, 미국

미국은 정치, 경제, 군사는 물론 과학과 문화 등 거의 모든 분야에서 전 세계에 압도적인 영향력을 행사하는 세계 최강대국이에요. 유통, 금융, 통신, 공공 서비스업 등의 3차 산업 및 첨단 산업 중심 국가이지만, 세계 2위의 농업 생산국이기도 해요. 또 세계에서 세 번째로 큰 영토를 가지고 있는 만큼 각종 지하자원과 에너지 자원도 매우 풍부해 석유와 천연가스를 세계에서 가장 많이 생산하는 나라이기도 하죠. 최근에는 다양한 분야에서 중국의 도전을 받고 있지만, 여전히 세계 패권 국가의 지위를 유지하고 있어요.

History information

우리나라와의 관계

1866년 미국의 상선인 제너럴셔먼호가 평양에 도착해 통상을 요구하면서 처음 관계가 시작되었어요. 우리나라가 일제 강점기를 지나 해방된 뒤, 1950년 6·25전쟁이 발발하자 미국은 빠르게 군대를 보내 우리나라를 도왔어요. 휴전 이후 미국은 우리나라를 군사적, 경제적으로 지원해 우리나라가 전쟁의 아픔을 딛고 다시 일어서는 데 도움을 주었어요. 1953년 한미 상호 방위조약이 체결된 후 미국과 우리나라는 중요한 동맹국 관계가 되었어요.

미국 워싱턴 백악관

History Airline
주제 마인드 맵

미국의 탄생과 경제 발전, 대공황의 극복

미국이 영국으로부터 독립하고, 경제 발전을 이룬 뒤 맞이한 경제 대공황의 위기를 극복한 과정을 정리해 보아요.

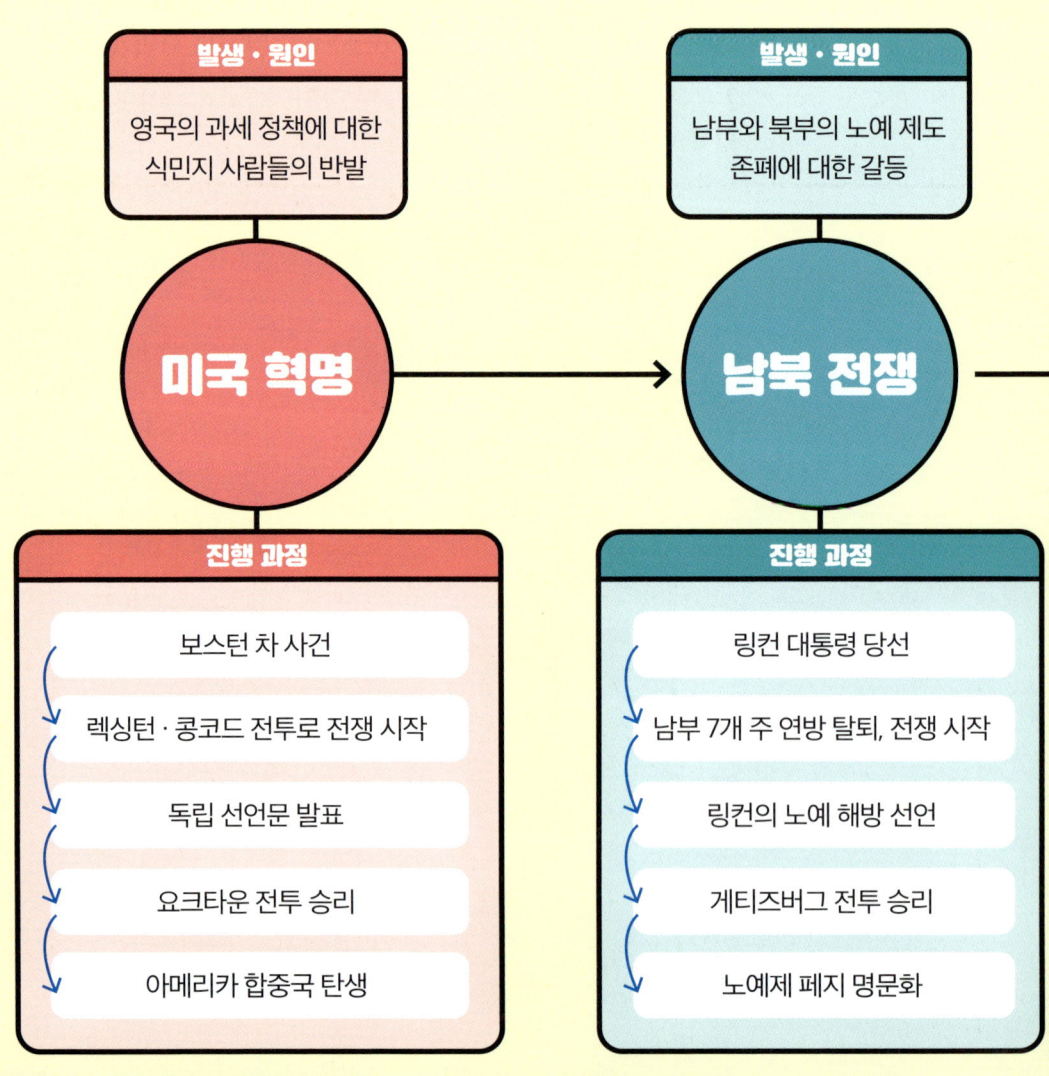

History information

경제 호황의 배경
· 남북 전쟁 중 산업화 이룩
· 제1차 세계 대전 중 군수품·식량 보급
· 기업가들의 활발한 경영 활동

경제 호황기에 나타난 문제점
· 상품 과잉 공급
· 부익부 빈익빈 현상
· 물질 만능주의 팽배
· 농작물 과잉 생산, 더스트볼 발생

경제 호황과 대공황

대공황의 발생
- 주식 투자 열풍
- 주가 하락에 대한 불안
- 검은 목요일 사태 발생
- 개인·기업·은행 파산
- 실업률 증가

대공황의 극복
루스벨트의 뉴딜 정책
· 독점 기업의 활동 규제
· 농산물 과잉 생산 제한
· 은행 개혁
· 공공사업으로 일자리 창출

벌거벗은 세계사 퀴즈 독립과 남북 전쟁 편

1. 메이플라워호를 타고 떠난 이들에 대한 설명으로 알맞지 <u>않은</u> 것을 골라 보세요. ( )

① 종교의 자유를 찾는 40여 명의 청교도가 타고 있었다.

② 제임스 1세가 야구하는 것을 금지하자 크게 반발했다.

③ 플리머스에 정착하는 과정에서 원주민의 도움을 받았다.

④ 원주민에게 고마움을 전하기 위해 연 잔치가 추수 감사절의 유래가 되었다.

2. 미국이 독립하는 과정을 시간 순서에 알맞게 번호를 써 보세요.

보스턴 차 사건 ( )   독립 선언문 발표 ( )

렉싱턴·콩코드 전투 승리 ( )   요크타운 전투 승리 ( )

3 남북 전쟁 당시 남부와 북부에 대한 설명을 <보기>에서 골라 각각 번호를 써 보세요.

<보기>
ㄱ. 땅이 기름져 대규모 목화 농장이 많았다.
ㄴ. 배가 드나드는 항구가 많아 상공업이 발달했다.
ㄷ. 노예제는 폐지하거나 금지해야 한다고 주장했다.
ㄹ. 노예제를 폐지하면 독립하겠다고 목소리를 높였다.

북부 (　　　)　　　남부 (　　　)

4 남북 전쟁이 북부의 승리로 끝난 뒤, 링컨이 게티즈버그에서 했던 연설을 읽고 빈칸에 공통으로 들어갈 낱말을 써 보세요.

오늘 이 자리에서 우리는 이들의 숭고한 희생이 절대 헛되지 않을 것이라고 다짐합니다. 신의 가호 아래 이 나라에서 자유가 새롭게 태동할 것이며 ■■의, ■■에 의한, ■■을 위한 정부는 이 땅에서 결코 사라지지 않을 것입니다!

벌거벗은 세계사 퀴즈 경제 대공황 편

 다음 세 인물의 공통점으로 알맞지 <u>않은</u> 것을 골라 보세요. (　　)

① 남북 전쟁으로 인해 돈을 벌 수 있는 기회를 잡았다.

② 돈을 벌기 위해 수단과 방법을 가리지 않았다

③ 돈을 버는 과정에서 독점이라는 문제를 낳았다.

④ 정부의 개입으로 기업 활동에 어려움을 겪었다.

 1920년대 미국의 경제가 호황일 때 나타난 현상이 <u>아닌</u> 것을 골라 보세요. (　　)

① 대학생들 사이에 값비싼 털 코트가 대유행했다.

② 물건값을 나눠 내는 할부 제도가 생겨나 소비를 부추겼다.

③ 영화를 보는 사람은 줄고, 재즈 음악이 크게 유행했다.

④ 주가가 오르자 사람들이 너도나도 주식에 투자했다.

3 다음 글이 설명하는 미국에서 일어난 사건은 무엇인지 써 보세요.

- 1929년 10월 24일, 검은 목요일 사태로 시작됐다.
- 주가가 크게 떨어진 기업들이 줄줄이 파산했다.
- 은행이 기업에게 빌려준 돈을 돌려받지 못해 파산했다.
- 주식 투자에 실패해 전 재산을 잃은 사람들이 많았다.
- 1933년에는 국민 네 명 중 한 명이 일자리를 잃은 상태였다.

☐ ☐ ☐ ☐

4 경제 대공황을 극복하기 위해 뉴딜 정책을 펼쳤던 미국의 대통령은 누구인지 골라 보세요. ( )

① 31대 대통령 허버트 후버

② 1대 대통령 조지 워싱턴

③ 16대 대통령 에이브러햄 링컨

④ 32대 대통령 프랭클린 루스벨트

벌거벗은 세계사 퀴즈 정답

독립과 남북 전쟁 편

1 ✓② 제임스 1세가 야구하는 것을 금지하자 크게 반발했다.

2 (1)　(3)
(2)　(4)

3 북부 (ㄴ, ㄷ)
　　 남부 (ㄱ, ㄹ)

4 국 민

경제 대공황 편

1 ✓④ 정부의 개입으로 기업 활동에 어려움을 겪었다.

2 ✓③ 영화를 보는 사람은 줄고, 재즈 음악이 크게 유행했다.

4 ✓④ 32대 대통령 프랭클린 루스벨트

3 경 제 대 공 황

사진 출처

10쪽 1776년부터 1777년까지 사용된 미국기_위키미디어 | 20쪽 플리머스 메이플라워호_Raime · 위키미디어 | 21쪽 플리머스 바위_Rhonda McCloughan · 위키미디어 | 23쪽 소(小) 마르쿠스 헤라르츠, 〈엘리자베스 1세〉_위키미디어 | 24쪽 버나드 그리블 〈메이플라워호에 오르는 필그림 파더스〉_게티이미지뱅크 | 28쪽 윌리엄 할샐 〈플리머스항에 도착한 메이플라워호〉_위키미디어 | 29쪽 진 리언 제롬 페리스 〈최초의 추수감사절, 1621〉_위키미디어 | 33쪽 피쿼트 전쟁 묘사 목판화_위키미디어 | 39쪽 〈새뮤얼 애덤스의 초상〉_위키미디어 | 40쪽 너새니얼 커리어 〈보스턴 항구에서의 차 폐기〉_위키미디어 | 41쪽 〈렉싱턴 전투〉_미국 뉴욕공립도서관 | 43쪽 〈토머스 페인의 초상〉_미국 국립초상화미술관 | 44쪽 존 트럼불 〈독립 선언〉_위키미디어 | 45쪽 〈조지 워싱턴〉_위키미디어 | 46쪽 포드 극장_Difference engine · 위키미디어 | 47쪽 워싱턴 기념탑_Alvesgaspar · 위키미디어 | 51쪽 족쇄_위키미디어 / 족쇄가 채워진 노예_위키미디어 | 52쪽 미국 국립미국사박물관에 전시된 노예선의 단면_Kenneth Lu · 위키미디어 | 53쪽 커리어와 아이브스 〈미시시피강의 목화 농장〉_미국 의회도서관 | 57쪽 〈톰 아저씨의 원두막〉 초판본 표지_위키미디어 | 60쪽 게티즈버그 국립군사공원_Judson McCranie · 위키미디어 | 61쪽 〈게티즈버그 전투〉_미국 의회도서관 | 62쪽 〈드레드 스콧의 초상〉_미주리역사학회 | 70쪽 프랜시스 빅널 카펜터 〈링컨의 노예 해방 선언서 최초 낭독〉_위키미디어 | 73쪽 링컨의 게티즈버그 연설_게티이미지코리아 | 75쪽 커리어와 아이브스 〈에이브러햄 링컨의 암살〉_위키미디어 | 76쪽 KKK_게티이미지에디토리얼 | 78쪽 뉴욕 엠파이어 스테이트 빌딩_Dllu · 위키미디어 | 79쪽 자유의 여신상_Mcj1800 · 위키미디어 | 81쪽 존 록펠러_위키미디어 / 앤드루 카네기_위키미디어 / J. P. 모건_미국 의회도서관 | 82쪽 카네기의 철강 회사가 1865년에 만든 철교_위키미디어 | 84쪽 독점 기업 풍자화_위키미디어 | 94쪽 1929년 주가 폭락 후 월스트리트_위키미디어 | 97쪽 1931년 무료 급식소에 줄 선 실업자들_위키미디어 | 98쪽 〈모던 타임스〉 포스터_위키미디어 / 〈모던 타임스〉 개봉 당시 뉴욕 풍경_위키미디어 / 〈모던 타임스〉 속 장면_위키미디어 / 찰리 채플린_위키미디어 | 100쪽 미국 대평원 지대_Wing-Chi Poon · 위키미디어 | 104쪽 텍사스주 스트랫퍼드를 덮친 먼지 폭풍_위키미디어 | 106쪽 트럭에 짐을 싣고 떠나는 사람들_미국 의회도서관 | 110쪽 TVA의 노리스 댐을 건설하는 노동자들_미국 국립문서기록관리청 | 112~113쪽 윌리엄 그로퍼 〈댐 건설〉_위키미디어 | 116쪽 〈에이브러햄 링컨〉_위키미디어 / 〈프랭클린 루스벨트〉_위키미디어 | 119쪽 사라예보_Julian Nyča · 위키미디어 | 120쪽 1950년경 유색 인종 전용 식수대_위키미디어 | 121쪽 몽고메리 버스_cornishong · 위키미디어 / 〈마틴 루서 킹〉_위키미디어 | 122쪽 대니엘 체스터 프렌치 〈링컨 대통령의 좌상〉_위키미디어 | 123쪽 윌리엄 리드 딕 〈프랭클린 루스벨트〉_DncnH · 위키미디어 | 124쪽 〈벤저민 프랭클린의 초상〉_미국 국립초상화미술관 | 125쪽 〈토머스 제퍼슨〉_위키미디어 / 찰리 채플린_위키미디어 | 127쪽 백악관_Matt H. Wade · 위키미디어 | 130쪽 〈버지니아, 요크타운에서 콘월리스의 항복, 1781년 10월 19일〉_미국 의회도서관

벌거벗은 세계사
❼ 새로운 나라 미국의 탄생과 위기 극복

기획 tvN 〈벌거벗은 세계사〉 제작진 | **글** 김우람 | **그림** 최호정 | **감수** 김봉중

1판 1쇄 발행 | 2023년 11월 17일
1판 3쇄 발행 | 2025년 2월 1일

펴낸이 | 김영곤
아동부문 프로젝트1팀장 | 이명선
기획개발 | 채현지 김현정 강혜인 최지현 이하린
아동마케팅팀 | 명인수 양슬기 최유성 손용우 이수은
영업팀 | 변유경 한충희 장철용 강경남 황성진 김도연
디자인 | 윤수경 **구성** | 김익선 **제작** | 이영민 권경민

펴낸곳 | (주)북이십일 아울북
등록번호 | 제406-2003-061호 **등록일자** | 2000년 5월 6일
주소 | 경기도 파주시 회동길 201(문발동) (우 10881)
전화 | 031-955-2145(기획개발), 031-955-2100(마케팅·영업·독자문의)
브랜드 사업 문의 | license21@book21.co.kr
팩시밀리 | 031-955-2177
홈페이지 | www.book21.com

ISBN | 978-89-509-0089-2
ISBN | 978-89-509-0082-3(세트)

Copyright©2023 Book21 아울북 · CJ ENM. ALL RIGHTS RESERVED.
이 책을 무단 복사·복제·전재하는 것은 저작권법에 저촉됩니다.

* 잘못 만들어진 책은 구입하신 서점에서 교환해 드립니다.
* 가격은 책 뒤표지에 있습니다.

⚠ **주의** 1. 책 모서리가 날카로워 다칠 수 있으니 사람을 향해 던지거나 떨어뜨리지 마십시오.
2. 보관 시 직사광선이나 습기 찬 곳을 피해 주십시오.

다양한 SNS 채널에서 아울북과 을파소의 더 많은 이야기를 만나세요.

인스타그램
@owlbook21

페이스북
@owlbook21

네이버카페
owlbook21

· 제조자명: (주)북이십일
· 주소 및 전화번호: 경기도 파주시 회동길 201(문발동)/031-955-2100
· 제조연월: 2025.2.1
· 제조국명: 대한민국
· 사용연령: 3세 이상 어린이 제품

· **일러두기** 이 책에 나오는 지명과 인명은 《표준국어대사전》을 따라 표기하였고,
규범 표기가 미확정일 경우 감수자의 자문을 거쳐 학계의 표기를 따랐습니다.

벌거벗은 한국사 퀴즈

비교하면 더 잘 보이는 역사!

미국의 독립 혁명 시기, 우리나라에서는 어떤 일이 일어나고 있었을까요?
세계사와 비슷한 시대의 한국사 사건들을 퀴즈로 풀어 보며,
두 역사의 연결 고리를 찾아보세요!

1 영조가 뒤주에 가둬 세상을 떠나게 한 세자의 이름으로 알맞은 것은? ( )

① 의경 세자   ② 소현 세자   ③ 사도 세자   ④ 순회 세자

2 밑줄 그은 제도로 옳은 것은? ( )

> 양민의 부담을 덜고자 군포를 절반으로 줄이는 **제도**를 시행하였는데, 부족해진 군포를 메울 방도는 논의하였는가?

> 어장세나 소금세 등으로 보충하는 것이 좋겠습니다.

① 균역법   ② 대동법   ③ 영정법   ④ 직전법